Ullstein

ÜBER DAS BUCH:

Wer hätte sich in der Euphorie nach dem Fall der Mauer und dem Zusammenbruch des Sowjetreichs vorgestellt, daß das aufgeklärte, demokratische Europa, sozial, christlich und so moralisch, es dulden und, Gewehr bei Fuß, tatenlos zusehen würde, wie vor seinen Augen ethnische Säuberungen stattfinden?

André Glucksmann stemmt sich wie in der Nachrüstungsdebatte gegen den Zeitgeist. Er ist einer der wenigen, die immer betont haben, daß das Thema »Krieg« aktuell bleibe. Nun stellt er seinen Ansatz auf die Probe der gegenwärtigen Lage.

Der neue Krieg – ob religiös begründet wie in Algerien oder nationalistisch wie in Serbien oder Rußland (Tschetschenien) – läßt regionale Konfliktzonen entstehen und reflektiert eine innere Krise von Religionen und Zivilisationen. Er wird totalitär geführt, trifft die Zivilbevölkerung systematisch.

Glucksmann fordert, sich dieser neuen Situation zu stellen, angesichts des Schlimmsten einen klaren Kopf zu behalten und eine angemessene Reaktion auf die Bedrohung von Freiheit und Humanität zu finden.

DER AUTOR:

Professor Dr. phil. André Glucksmann, 1937 in Boulogne geboren, zählt zu den führenden Köpfen der »Nouveaux philosophes« in Frankreich. Er ist mit Forschungsarbeiten am Centre National de la Recherche Scientifique beschäftigt und schreibt für verschiedene Zeitungen in Frankreich, Deutschland, Italien und Dänemark. Glucksmann war Assistent des Soziologen Raymond Aron und einer der führenden Intellektuellen der Revolte des Pariser Mai 1968.

Seine wichtigsten Veröffentlichungen in deutscher Übertragung: »Die Meisterdenker« (1978, 1987), »Philosophie der Abschreckung« (1984), »Die Macht der Dummheit« (1985), »Politik des Schweigens« (1987) und »Vom Eros des Westens« (1989).

André Glucksmann

Krieg um den Frieden

Mit einem Nachwort von
Helmut Kohlenberger

Ullstein

Ullstein Buchverlage GmbH & Co. KG,
Berlin
Taschenbuchnummer: 33234

Die französische Originalausgabe
erschien 1995 unter dem Titel
»De Gaulle où es-tu?« bei den
Editions Jean-Claude Lattès, Paris
Aus dem Französischen
von Ursel Schäfer

Ungekürzte Ausgabe
Juli 1998

Umschlagentwurf:
christof berndt & simone fischer
Unter Verwendung einer Abbildung
von National Geographic/Ed Kashi

Printed in Germany 1998
Gesamtherstellung:
Ebner Ulm
ISBN 3 548 33234 X

Die Deutsche Bibliothek
CIP-Einheitsaufnahme
Glucksmann, André:
Krieg um den Frieden / André Glucksmann.
Mit einem Nachw. von
Helmut Kohlenberger.
[Aus dem Franz. von Ursel Schäfer]. –
Ungekürzte Ausg. – Berlin : Ullstein, 1998
(Ullstein-Buch ; Nr. 33234)
Einheitssacht.: De Gaulle où es-tu? <dt.>
ISBN 3-548-33234-X

Inhalt

Für Khalida
und Malika

Vorwort zur deutschen Ausgabe

Ich nehme an, daß dieses Buch in Deutschland auf eine Mauer des Unverständnisses stößt. Im günstigsten Fall wird man es provozierend und skandalös finden. Sehr viel wahrscheinlicher ist, daß man es höflich reserviert zur Kenntnis nimmt und mit entweder borniertem oder freundlichem Schweigen quittiert. Es wird jene nachsichtige Höflichkeit erfahren, die man im Umgang mit Schwerkranken oder Verrückten an den Tag legt. Das bin ich gewöhnt, seit mehr als zehn Jahren mittlerweile, seit ich gegen das Leitmotiv »lieber rot als tot« zu Feld ziehe, anfangs eine einsame Erscheinung im Kreise meiner Schriftstellerkollegen in Frankfurt, Hamburg und Berlin (vier Stunden Non-Stop-Diskussion, ebenso freundschaftlich wie verbissen, mit Heinrich Böll, das prägt!). Der vorübergehende, flüchtige, dennoch massive und einhellige »Zorn«, der vor kurzem in der öffentlichen Meinung des wiedervereinigten Deutschlands angesichts der Atomversuche seines nächsten Nachbarn, Frankreich, aufflammte, zeigt, daß die vielbeschworene deutsch-französische Aussöhnung, so wünschenswert und notwendig sie auch ist, nach wie vor durch uneingestandene Mißverständnisse belastet wird.

Franzosen und Deutsche haben in diesem Jahrhundert Unterschiedliches erlebt, obgleich paradoxerweise beide Völker in aller Härte ein- und dieselbe Prüfung durchlitten, die Prüfung der schlimmsten, zerstörerischsten Kriege seit Menschengedenken. Die Franzosen haben den Aderlaß (1914–18) und die Schmach (1940–44) zu verschiedenen Zeitpunkten durchgemacht, die Deutschen haben zweimal beides gleichzeitig erfahren. Sie zogen nacheinander diametral entgegengesetzte Schlüsse aus den Niederlagen, die notwendigerweise doppelte Niederlagen waren, physische und psychische. Das erste Mal setzten sie auf Revanche (für »Versailles«), seit 1945 hegen sie eine beständige, mittlerweile wohl endgültige Abneigung gegen jede Form des militärischen Abenteuers. Ein solches Gefühl von Abscheu und Entsetzen angesichts der alles zerfleischenden modernen Grausamkeit hatten die französischen Intellektuellen am Ende des Ersten Weltkriegs beschworen. Auf der Seite der Sieger stehend, setzten sie den Überlebenden auseinander, daß ein solches Spiel den Einsatz niemals wert sei. Daraus folgte ein historisches Bäumchen-Wechsle-Dich, das noch immer nicht überholt ist: Vor 1940 neigte man auf der einen Seite des Rheins dem absoluten Pazifismus zu, nach 1945 auf der anderen Seite.

Darum betrachtet jeder den anderen starren Blickes als einen Übriggebliebenen, Ewiggestrigen, als lebenden Anachronismus. Die Franzosen haben genug davon, sich an der Sehnsucht nach Frieden um jeden Preis zu berauschen, sie erkennen darin das Risiko abzudanken und fürchten den Geist des Münchner Abkommens, der ihnen als Einfallstor für niederträchtige Erleichterung und Kapitulation erscheint. Die berühmte Konferenz besiegelte das Schicksal Prags, bahnte der Katastrophe den Weg, war aber letztlich doch nur der Schlußakkord nach einem Jahrzehnt fauler und feiger Kompromisse mit kriegslüsternen Diktatoren. Umgekehrt fürchten die Deutschen, die netten Nachbarn könnten ihren Realitätssinn der nostalgischen Erinnerung opfern, einst die »Grande Nation« gewesen zu sein. Prahlerische Zeremonien, schulmeisterliche Gedenkstunden, Feiern im Überfluß, auf die Paris so versessen zu sein scheint, nähren diese Besorgnis.

Mein Buch könnte das Opfer einer solchen Haltung werden, da es an einigen gängigen Klischees kratzt (so z. B. an dem, daß de Gaulles nicht die »Grande Nation« verkörpert, sondern den Widerstand). Es wendet sich an die »happy few«, die glauben, daß der Geist eher durch das Bemühen gewinnt, Unstimmigkeiten aufzudecken und Meinungsverschiedenheiten auf den Grund zu gehen, als wenn er sich gemütlich mit dem protokollgerechten Konsens einrichtet, der bei den Teestunden der Großen dieser Welt gilt. Ich setze auf die Langzeitwirkung von Übereinstimmungen, die auf Scharfblick gründen, und nicht auf die flüchtige Euphorie, mit der die Diplomaten ihre Presseerklärungen parfümieren. Es ist besser, mit kaltem Blick das Chaos unserer Welt zu betrachten, als in das moralisierende Geschwätz einzustimmen, mit dem man es wegzureden versucht.

Machen wir uns nichts vor: Es gibt keine europäische öffentliche Meinung. Ich weiß wohl, daß man sich einig ist im vagen Bekenntnis zur Demokratie, daß man die Menschenrechte hochhält und nach Wohlstand strebt. Aber die Uneinigkeit beginnt, sobald gefragt wird, welchen Preis – sozial, ökologisch, politisch und militärisch – man zu zahlen bereit ist, um diese so notwendigen Güter zu erlangen und zu bewahren. Während ich dieses Buch schrieb, erlebten Freunde in Sarajevo den Ansturm der serbischen Milizen und erlitten vier Jahre Belagerung. Und ich fragte mich: Wer hätte sich in der noch nicht lange abgeklungenen Euphorie nach dem Fall der Mauer und dem Zusammenbruch des Sowjetreichs vorstellen können, daß das aufgeklärte, demokratische Europa, reicher denn je zuvor, sozial, christlich und ach so moralisch, es dulden und, Gewehr bei Fuß, tatenlos zusehen würde, wie vor seinen Augen ethnische Säuberungen stattfinden? Ich hatte wenig Illusionen, aber ich gebe zu, daß ich den Erfindungsreichtum unserer Eliten in Sachen Heuchelei unterschätzt habe. Der erste Preis für Verlogenheit gebührt dem französischen Präsidenten Mitterrand, der sich laut und deutlich dazu beglückwünschte, daß es ihm gelungen sei, den Frieden zu retten. Er meinte den Frieden unter uns, zwischen Franzosen und Deutschen. Niemand nahm an seiner seltsamen Rechnung Anstoß: Wie viele Kinder müssen in Sarajevo sterben, damit die Feinde von vor-vorgestern nicht wie 1914 gegeneinander in den Krieg ziehen? Der Hinweis auf seine Unbeweglichkeit oder vielmehr die schlechte Entschuldigung ihretwegen erscheint mir absurd, absurder aber noch, daß man so etwas gelten läßt. Ein böses Omen.

Das Jugoslawien-Syndrom wird die nachwachsenden Generationen in Europa ebenso tief erschüttern wie das Vietnam-Syndrom einst Amerika erschütterte. Manchmal ist Nicht-Eingreifen tödlich und belädt einen mit Schuld, ebenso wie Interventionen schlecht durchdacht, töricht und feige ausgeführt sein können.

Sarajevo zeigt es, Grosny zeigt es: Es gibt keine europäische öffentliche Meinung, und alle Brüsseler Programme zur Währungsunion, alle Straßburger Pläne für eine Parlamentsreform können sie nicht ersetzen. Gerne würde ich schreiben: Es gibt sie *noch* nicht. Winzige, zarte, nur allzu flüchtige Anzeichen deuten aber darauf hin, daß es sie geben könnte. Vielleicht hat sie, die in allen Projekten der europäischen Integration vergessen wird, doch noch ein Wörtchen mitzureden: die europäische Kultur, jener ungreifbare, durchscheinende Kern, den die gesamte Eurokratie, von der gemeinsamen Kontrolle über Kohle und Stahl bis hin zur einheitlichen europäischen Währung, glaubte vernachlässigen zu können.

Ich denke zurück an zwei inzwischen verstorbene Männer, zwei große Geister unserer Epoche, an Ionesco und Popper. Sie erhoben von Anbeginn der jugoslawischen Katastrophe an ihre Stimmen, meldeten sich wie immer mit entschiedenem Antitotalitarismus zu Wort und forderten, daß man die Aggressoren, den serbischen Apparat, mit allen erforderlichen Mitteln aufhalte. Ich denke an Günter Grass, mit dem ich oft gestritten habe – 1981 über seine zögerliche Unterstützung für Solidarnosc, jüngst über die deutsche Wiedervereinigung – und dessen Unterschrift ich mit um so größerer Freude auf einem Aufruf sah, in dem eine harte militärische Antwort der NATO gefordert wurde. Und ich bin noch immer bewegt davon, wie am Tag nach den schrecklichen Metzeleien von Srebrenica (im Sommer 1995) Jürgen Habermas und Joschka Fischer (zwanzig Jahre freundschaftlicher Auseinandersetzungen!) ein klares »Nie wieder!« auszusprechen wagten und damit (endlich!) ihre traditionellen politisch-philosophischen Positionen aufgaben. Beide erinnerten an die schlimmste Erfahrung der europäischen Geschichte, an Auschwitz, und begründeten damit ihre Forderung nach einer militärischen Intervention von Amerikanern und Europäern, um zu verhindern, daß die schrecklichsten Greueltaten der Menschheit sich wiederholten.

Möge mein Buch dazu beitragen, daß ähnlich klarsichtige Positionen nicht vereinzelte, versprengte und verspätete Ausnahmen bleiben, die Hunderttausenden von Toten nichts mehr nützen. Zweimal in diesem Jahrhundert war Europa die Schule des Krieges. Wenn es ethnische Säuberungen billigt, wenn es unbewegt oder mit dem Blick des Komplizen den Aufstieg der braunroten Faschismen beobachtet, läuft es Gefahr, erneut der verhängnisvollen Logik eine Blankovollmacht auszustellen. Es sei denn, Europa ringt sich dazu durch, ohne in Tränen zu zerfließen und ohne die Augen zu verschließen, sondern aus Notwendigkeit und klarer Einsicht, künftig die Schule des Friedens auf diesem Planeten zu sein.

Im Januar 1996   André Glucksmann

I. Die Wahl eines Kriegsherrn

»Daß ein einfacher Oberst – erst einige Wochen zuvor zum General befördert – sich nach London in eine bescheidene Wohnung zurückzog und einen alten Marschall von Frankreich, von den Demokratien als Staatschef anerkannt, altehrwürdiges Idol von Millionen von Franzosen, in dieses Verbrechen gegen die Ehre, gegen das Vaterland und gegen den Treueeid verwickelte, diesem aber die Notabeln, die Eliten, die Gesamtheit der Konformisten – die »hombres dignos« –, die Industrie, die Wirtschaft, die Geistlichkeit, die Akademien und noch etwas Unaussprechlicheres: die Armee, die Generalstäbe zur Seite stehen! Ist das kein revolutionärer Akt, ist das nicht zweifellos der bedeutendste revolutionäre Akt unserer Geschichte?«

Bernanos

»Bei mir ist das etwas Besonderes: ich bezog meine Legitimität aus der Geschichte.
Fortan muß die Legitimität vom Souverän kommen, das heißt vom Volk.«

De Gaulle

Sollte endgültig die Nachkriegszeit für uns angebrochen sein? Wenn ja, dann will dieses Buch bewußt provozieren.

Man stelle sich Frankreich unter einer Art Glasglocke vor, für immer abgeschottet gegen allen Aufruhr auf unserem Kontinent: Eingeschlossen in einem Allerheiligsten, Distanz wahrend im gut gepolsterten Kokon der reichen Regionen Europas, ist es ängstlich darauf bedacht, sich in keine kriegerische Auseinandersetzung hineinziehen, sich zu keiner Reaktion auf einen unvorhergesehenen Einmarsch herausfordern zu lassen. Es genießt das vorgezogene Glück des privilegierten Ruheständlers, der sich in Monte Carlo niederläßt. Alle sieben Jahre wählt Frankreich einen » Fürsten «, an dessen schwierigen Regierungsgeschäften, an dessen Herzensangelegenheiten und Krankheiten es Anteil nimmt, dessen Günstlingen es nachspioniert und dessen Bastarden es auf die Schliche kommt. Nebenbei rechtet man wie Kabbalisten, die über einem offenkundigen, für unabänderlich befundenen Verhängnis obskure Zahlenspiele anstellen, über den Preis, den man für Tourismus, Spielkasinos und Arbeitslosigkeit zu entrichten hat.

Wer hat in seinem Leben nicht wenigstens einmal davon geträumt, im Sportcoupé durch das Fürstentum zu brausen? Es gibt so viel anstrengendere Berufe als den des Croupiers!

Warum das Glück im Leben eines Strandkellners verachten? Franzosen, eine Anstrengung noch, schließt Fenster und Türen, die Ausgeschlossenen werden mit eingeschlossen, wir beruhigen uns gegenseitig, und die Empfindsamen machen wir zu unseren Fürsten und Fürstinnen! Warum nicht beim allgemeinen geistigen, moralischen und politischen Aufbruch mit dabei sein und mit aufspringen auf das Schiff, das uns nach Kythera trägt, fernab von Algier, Kigali, Tienanmen, Grosny und Sarajevo?

Schon hüllen die Düfte, bald auch das Himmelblau der Côte das Präsidentenpalais und Sainte-Geneviève ein. Warum nicht? Vielleicht, weil zu viele Erinnerungen, zuviel geschichtliche Erfahrung dem entgegensteht, und vielleicht erwarten zu viele unserer ausländischen Freunde von einem »zwanzig Jahrhunderte währenden Pakt zwischen der Größe Frankreichs und der Freiheit der Welt« etwas Licht.

Auch wenn dem Mittelmaß die beredten Worte eines de Gaulle oder der Ausdruck »Größe« schrill in den Ohren klingen, muß es sich dennoch an die Realitäten erinnern lassen. Ein friedliches Frankreich in einer Welt im Kriegszustand, ein Land, das sich auf die eigenen Angelegenheiten konzentriert, während eine Flugstunde von seiner Hauptstadt entfernt bombardiert, belagert und mit Stumpf und Stiel ethnisch gesäubert wird, ruft unweigerlich Befremden hervor. Das allgemeine Desinteresse, welche Hände in Moskau nach den Zündern der atomaren Apokalypse greifen, der allgemeine Wahn, sich ins Nichtbetroffensein zu flüchten, treibt jeden Menschen mit gesundem Verstand zur Verzweiflung. Höflich vor der Gewalt zu weichen heißt, ihr keinen Respekt zu zollen. Oft geben Demokratien der Neigung zu einer an Monaco erinnernden Sorglosigkeit nach. Doch sie täten besser daran, sich der schockierenden Gegenwart zu stellen, die sie früher oder später wieder einholen wird.

Alle sieben Jahre stellen die Franzosen die Weichen für ihr Schicksal. Dann wählen sie einen Heerführer und republikanischen König[*], den Kandidaten, der in ihren Augen am ehesten in der Lage ist, im äußersten Fall die letzten Entscheidungen zu treffen: über Leben und Tod der Gemeinschaft, Freiheit oder

---

[*] »Diplomatie, Verteidigung, Institutionen: diese drei Bereiche, heißt es häufig, seien dem Präsidenten vorbehalten. Dem ist schon so, wenn man sich vor einem zwiefachen Mißverständnis im Hinblick auf den Ausdruck ›vorbehalten‹ hütet, wenn man nicht annimmt, die anderen Bereiche blieben dem Präsidenten verschlossen, oder, der Präsident habe in den ihm ›vorbehaltenen‹ Bereichen alleinige Handlungsmacht. Kein Führer hat das in einem modernen Staat. Aber bei den auswärtigen, militärischen und institutionellen Angelegenheiten (die letzteren schließen alle Fragen der Entkolonialisierung ein) gibt die Entscheidung des Präsidenten stets den Ausschlag.«
O. Duhamel, *Droit constitutionnel et politique*, S. 197.

Sklaverei des einzelnen und Glück oder Unglück der Bürger. Bei manchen dieser Weichenstellungen entdecken die Wähler im nachhinein, daß sie betrogen worden sind, bei anderen wissen sie schon von vornherein, daß sie hinters Licht geführt werden. Trotzdem messen sie eine im Dunkeln liegende Zukunft an der schon fernen Vergangenheit. So begeistert oder enttäuscht sie auch sein mögen, sie legen ein- und dasselbe Maß an: eine bestimmte Vorstellung von Frankreich. Mal beschwören sie dessen Glorie, mal etwas schon längst Untergegangenes, von dem nur noch ihre Sehnsucht zeugt.

Die an die Wähler gerichtete Frage fällt auf die Kandidaten zurück: Bekleiden sie ein hohes Amt? Verbirgt sich hinter dem traditionellen Schauspiel die periodische Ablösung auf einem Posten ohne Funktion? Alle sieben Jahre stellen die Franzosen die Weichen für ihr Schicksal, oder vielleicht auch nicht, was ebenso bedeutsam wäre:

> Die Tiere fanden nach dem Tod des Leu'n
> der bis dahin als Fürst im Land regierte
> vereint zu neuer Königswahl sich ein.
> Man holt die Krone, die den Sel'gen zierte –
> sie wahrt' ein Drach in sicherem Verlies –
> doch als man sie nun allen aufprobierte
> war keiner, dem sie passend sich erwies
> da bald zu klein und bald zu groß die Köpfe
> selbst Hörner trugen etliche Geschöpfe.

Fata Morgana und Spiegel, das Ergebnis geht, die Frage bleibt. Alle sieben Jahre begegnen die Franzosen sich selbst. Warum einen Kriegsherrn wählen, wenn man sich nicht fragt, wozu das gut ist?

Eine Vergangenheit, die keine Fragen mehr aufwirft, verfällt in Leichenstarre. Sie ist tot, wird einbalsamiert und in dem sicheren Gefühl mumifiziert, daß sie sich nie wieder rühren wird, und dann, um ganz sicher zu gehen, wird sie nochmals ausgegraben und ein weiteres Mal mit allem Pomp bestattet; bloß keine Wiederkehr zur Unzeit. Akt des Gedenkens, bei dem es sich leichter vergißt. Am Ende des kümmerlichen Exorzismus lächeln die Toten, freuen sich höflich über die Heuchelei und sind einmal mehr gestorben.

Eine Fünfzigjahresfeier darf nicht mißlingen. Man muß sich bereit halten für das Jubiläumsfest zum Ende des Zweiten Weltkrieges. Der Sieg über den Faschismus und die Öffnung der Todeslager verdienen, daß man sich einmal mehr der feierlichen Beteuerungen entsinnt, die einst das Ende der Tragödie begleiteten. Der Chor der in Andacht Versammelten, Vertreter von Staat und Gesellschaft, schwört natürlich ein weiteres »Nie wieder!« und schließt Verbrechen gegen die Menschlichkeit aus. Noch immer ist der in Sachen Menschenvernichtung erzielte Rekord von 1940–1945 unübertroffen.

Dennoch kommt die internationale Gemeinschaft nicht aus der Übung. Ihre unermüdliche Fähigkeit, Abscheulichkeiten hervorzubringen und anzuerkennen, bleibt ungebrochen. Vor einem Jahr wurden in Ruanda vor den Augen einer gleichgültigen Weltöffentlichkeit beim Massakrieren und Völkermorden unerwartete Geschwindigkeitsrekorde aufgestellt: Fünfhunderttausend in fünf Wochen, so heißt es, seien mit Macheten von Hand niedergemetzelt worden. Wie sich vor Auschwitz verneigen, ohne daß einem die Floskel »Nie wieder!« angesichts dieses vor aller Augen ablaufenden schwarzafrikanischen Gemetzels mit unserer (zumindest) passiven Komplizenschaft im Hals stecken bleibt?

Die Begeisterung für Fünfzig-, Hundert-, Zweihundert- und bald bevorstehende, noch nicht ins Repertoire aufgenommene Tausendjahrfeiern ist das unübersehbare Symptom eines Identitätsverlusts. Die alles verschlingende und wieder ausspuckende Totenverehrung motiviert die Suche nach den Vorvätern und versammelt die Honoratioren an illustren Gräbern. Mit Rosen in den Händen flüchten sie sich in die Vergangenheit. Wenn man dem Getue moderner Gedenkfeiern schon nicht entgehen kann, gibt man ihnen eben widerstrebend die Ehre. Wenn die alten Ideen schon verloren gegangen sind, wenn sie nur noch ein Trost sind für den Verlust von Gegenwart, dann läßt man sie eben fahren. Wenn das 55. (jawohl!) Jubiläum des Aufrufs vom

18. Juni 1940 nur der Beweihräucherung eines Generals dient, der Petrifizierung seiner Vollkommenheit, die er glücklicherweise nie besessen hat, kann man sich unnötige Anreisen sparen. Was ich vorhabe, ist, methodisch gesehen, nicht zeitgemäß. Ich will nicht loben, sondern Fragen stellen.

Mit dem Mauerfall ist alles in Bewegung geraten. De Gaulle, wo bist du? Wer bist du? Bist du überholt? Hast du Recht behalten? Hält deine Vision den Brüchen stand, die du wohl kaum vorauszusehen, geschweige denn vorzubereiten vermocht hast? Hat deine Denkweise noch immer Einfluß auf unser Leben? Du warst weder ein prophetischer Guru noch ein Nostradamus. Da ich aus dem Jenseits keine Erkenntnisse über die Gegenwart ziehen kann, befrage ich die Gegenwart, was es mit seinem Grab auf sich hat.

Schaffen wir Klarheit, bringen wir Licht in ein Erbe, dessen Dunkelheit nicht nur dem Eifer der Zeloten oder den Schwierigkeiten der Exegese anzukreiden ist. Als Akteur und Politiker erlaubte sich de Gaulle eine ganze Reihe von Kompromissen zwischen Realität und Prinzipientreue, ging auf die Erfordernisse der Stunde und die Unwägbarkeiten des Augenblicks ein. Seine Äußerungen widersprechen sich durchaus. Auch die exakteste Zusammenstellung von Zitaten könnte die zahlreichen Gaullisten und De-Gaulle-Erben nicht daran hindern, die herrenlos gewordenen Gedanken nach Bedarf zurechtzubiegen.

Nichts, weder der Name noch das Blut, weder ein Parteibuch noch Glaubensbekenntnisse, so aufrichtig sie auch klingen mögen, berechtigen einen geistigen Erbanspruch. Legitimisten gibt es zuhauf, aber ihre widerstreitenden Bestrebungen und ihre Versuche, ihn für sich in Anspruch zu nehmen, ja, zu vereinnahmen, sind ein Zeugnis dafür, daß jedes Vermächtnis dem Lauf und der gewaltsamen Veränderung der Zeit unterworfen ist. De Gaulle ist vor fünfundzwanzig Jahren gestorben (ein weiterer Gedenktag!), er hat es allen Lesern überlassen, sich für bestimmte Stellen in seinen Schriften und für ihn zu entscheiden.

Ich habe mich für ihn entschieden. Und dabei hatte ich mit dem Slogan »Zehn Jahre sind genug!« einst gegen ihn demonstriert. Ich bereue dieses Verhältnis nicht, das man als offen, nicht festgelegt und, je nach Belieben, auch als widersprüchlich bezeichnen könnte. Ich werfe mir meine Freude im Mai 1968 nicht vor, zumal es falsch wäre, in der Studentenrevolte und ihren Folgen den Grund für de Gaulles würdigen und mysteriösen Abgang zu sehen. Die »Ereignisse« waren – Malraux zufolge – symptomatisch für eine Kluft, die sich schon sehr viel früher aufgetan hatte. Der Meinung anderer zufolge war der Präsident durch Intrigen im Umfeld und den außer Kontrolle geratenen Streitigkeiten um die Nachfolge zu seinem unerklärten Rücktritt veranlaßt worden, und dabei hatte ihm ein Referendum, das er verlieren wollte, als Vorwand gedient. Weder überhebliche Gedanken der Art, den bis heute letzten großen Mann Frankreichs zum Rücktritt gedrängt zu haben, noch Reue erfüllen mich. Es bleibt nur eins: die kommenden Zeiten mit ihm als intellektuellem Begleiter frei zu leben:

> »Man wird auf dem Hügel, der die anderen überragt, ein großes Lothringer Kreuz aufrichten. Jeder wird es sehen können. Da niemand da ist, wird keiner es sehen. Es wird die Hasen zum Widerstand aufrufen.«

In Wagners Opern kündigt sich jede Gestalt vor ihrem Auftritt in der Musik an. Das Orchester nimmt das Erscheinen Siegfrieds oder Brünhildes mit einem Leitmotiv vorweg, dem musikalischen Wahlspruch, der die Seele des Helden ausmacht, seine Daseinswahl anzeigt und den Sinn, den er seinem Leben gibt und den er aus seinem Tod zu ziehen hofft. Das Wagnersche Leitmotiv besitzt die Schlichtheit eines Refrains, wird vom Orchester aber im Verlauf der Handlung abgewandelt, bis zur Unkenntlichkeit verändert und den Abgründen und berauschenden Freuden des menschlichen Schicksals entlang weitergesponnen. Das Leitmotiv de Gaulles läßt sich, so meine ich, auf eine kurze, simple Formel bringen: »Der Krieg ist nicht zu Ende.«

Diese Maxime bestimmte sein Handeln im Inneren wie im Äußeren. Sie steckte hinter den Bestrebungen des Reformers, der sich zwischen 1920 und 1940 bemühte, die französische Armee strategisch so zu verändern, daß sie der Austragung zukünftiger und nicht vergangener Konflikte gewachsen war. Auf dieser Maxime basierte auch die begründete Sicherheit, mit der der einsame Widerstandskämpfer eine Kapitulation vor Hitlers Truppen, die in Frankreich einmarschierten, rundweg ablehnte. Sie erklärt seine Entscheidung, nach 1958 – notfalls auch gegen die Überzeugung der alliierten Verbündeten – eine eigene französische Streitmacht aufzubauen, die dem französischen Sicherheitsbedürfnis genügen konnte. Sie bestärkte ihn in dem Willen, die Republik im Sinne einer Stärkung der Exekutive zu verändern und in der Verfassung das Amt eines Oberbefehlshabers zu verankern, der in der Lage ist, im Extremfall die Initiative zu ergreifen und Entscheidungen durchzusetzen.

De Gaulle sah überall Krieg, sein ganzes Leben lang. War ein Konflikt beigelegt, mußte für den nächsten geplant, mußten Vorkehrungen getroffen werden: »Das Schwert ist die Achse der Welt.«

Man darf daraus keineswegs auf eine Art von Streitlust schließen, wie sie der Soldateska eigen ist. Freude an blutigen Auseinandersetzungen war kein Zug seines Charakters, er neigte nicht zum Prahlen. Den Maurentöter mimte er, wenn die internationale Bühne es verlangte, doch stets in Grenzen, die er nie vergaß, und eingedenk der zur Verfügung stehenden Mittel. Fehleinschätzungen seinerseits sind kaum bekannt. Er war nicht abenteuerlustig, und selbst wenn er sich wie ein Cyrano de Bergerac begeistern konnte, mißriet sein Bild nie zur Karikatur eines Capitano Fracassa.

Sicher hat er den Krieg intensiver durchdacht, vorbereitet und gelenkt als ihn praktisch zu führen. Zur Behauptung, er habe den Krieg geliebt, gibt es keinen Anlaß. »Die Siegesgöttin möge denen treu bleiben, die Krieg geführt haben, ohne ihn zu lieben«, schreibt Malraux, der die ganze Regierungszeit de Gaulles über Minister war und gelegentlich auch sein Vertrauter.

Am 15. Mai 1962, während das Weiße Haus den Elysée-Palast verdächtigte, einem primitiven, glühenden Antiamerikanismus anzuhängen, machte Malraux der führenden Militärmacht des Westens in New York das schönste Kompliment, das sie je bekommen hat: »Ich erhebe mein Glas auf die einzige Nation, die Krieg geführt hat, ohne ihn zu lieben, die die größte Macht auf der Welt errungen hat, ohne sie zu suchen, und die das größte Vernichtungspotential besitzt, ohne es einzusetzen.«

Leitmotiv gegen Leitmotiv: Die Entscheidung de Gaulles, sich in permanenter Kriegsbereitschaft zu halten, besticht durch Originalität, denn sie widersetzt sich der Logik vom allerletzten Krieg, mit der sich die Eliten des 20. Jahrhunderts Denkverbote auferlegten. Sie betrachteten ihre Kämpfe als »endgültig«, ihre Waffenstillstände als »definitiv« und die folgenden Abkommen als »unwiderrufbar«. Je gewaltiger und mörderischer die in Gang gesetzte Kriegsmaschinerie, desto endgültiger schien der auf den Konflikt folgende Friede.

Die entwickelte Welt ist nach 1989 mit der gleichen blinden Begeisterung in den Frieden hineingestolpert, mit dem sich das »aufgeklärte« Europa im August 1914 auf den Straßen in den Krieg gedrängt hatte. Auf die Euphorie der Massen, die sich im Wahn, »die letzte Schlacht« zu schlagen, gegenseitig hinmordeten, folgte die Verkündung eines Wunders, die verklärende Predigt von der endgültigen Überwindung aller Konflikte: Es folgten Wilsons vierzehn Punkte 1918, Roosevelts Illusionen gegenüber Stalin 1945 und Bushs mit Trompetenstößen angekündigte neue Weltordnung. Es folgten »das gemeinsame Haus« Michail Gorbatschows und sein Versprechen, er habe die Tore des Krieges, die Alexander der Große aufgestoßen hatte, für immer geschlossen. Die ganze Welt ruft unablässig dazu auf, den glücklichen Augenblick zu feiern, in dem alle Kämpfe enden und mithin die Geschichte.

Verlieren wir nicht aus den Augen, daß de Gaulle die Ausnahme ist.

Fragen wir uns, warum dieser eigenwillige Soldat immer wieder betroffenes Schweigen auslöst. Wenn wir sein Geheimnis lüften wollen, müssen wir von diesem Nichtverstandenwerden ausgehen. Die Politiker und die Generalstäbe der III. Republik wollten von seinem neuen Strategiekonzept nichts wissen. Die Mächtigen der IV. Republik behandelten ihn, solange sie es sich leisten konnten, wie einen Aussätzigen. Die Intellektuellen im

weitesten Sinne – Journalisten der »anspruchsvollen« Tages-
und Wochenzeitungen, Gewerkschaftsfunktionäre und Beamte
des Kulturbetriebs, Lehrende – verirrten sich unter der V. Republik mehrheitlich in die Opposition.

Die traditionellen, zur Karikatur verkommenen Feindschaften zwischen den Männern der Feder und den Männern des De-
gens vermögen hier nichts zu erklären. Seit Guibert, dessen
Schriften, von Philosophen gefeiert, Carnot und Napoleon be-
einflußten, weiß in Frankreich jeder Gebildete, daß ein Soldat,
der sich Gedanken macht, nicht unbedingt dumm, reaktionär
und obskurantistisch denkt. De Gaulles Lebensweg war nicht
von Anfang an vorgezeichnet: Während seiner Anfänge beim
Militär las er viel, schrieb gut und verkehrte bei unorthodoxen,
am Rande stehenden Strategen von zweifelhafter Herkunft wie
Meyer. Er fand Gehör bei nachdenklichen Politikern, beim
Zentrum wie auf der Linken, von Paul Reynaud bis zu Léon
Blum. Seine Kameraden begegneten ihm mit Argwohn, konnten sich ihn gewiß eher im Talar des Universitätsprofessors als in
der Uniform eines Generals vorstellen.

Daß dieser ungewöhnliche Soldat niederen Dienstgrades auf
Ablehnung von vielen Seiten stieß, beruhte nicht nur auf Miß-
verständnissen. Es verriet die geistige Lähmung, die jede Demokratie bedroht, wenn sie ernsthaft mit Krieg konfrontiert
wird. Ein Rechtsstaat lebt nicht in ständiger Alarmbereitschaft,
erwartet nicht im Dauerzustand ein aggressives Vorgehen seiner
Nachbarn. Innere Schwierigkeiten, Wahlkämpfe und soziale
Konflikte haben Vorrang vor den auswärtigen Angelegenheiten.
Blind gegenüber der heraufziehenden Gefahr, hinkt die militärische Planung hinterher. Statt zukünftige Schlachten ins Auge
zu fassen, werden rituell die Siege der Vergangenheit gefeiert.
So verwundert es denn überhaupt nicht, daß die »Republik der
Théodule-Ausschüsse und der Anträge Nègre blanc« den unge-
stümen Reformer zur Untätigkeit verdammte.

Hinter der institutionellen Schwäche, der er abzuhelfen
suchte, verbarg sich ein intellektuelles Hemmnis, dessen Besei-
tigung schwieriger war. Die Trümpfe, die das »teuflische Ge-
nie« Hitler ausspielen konnte, und die zahlreichen »Gründe«

für die Verblendung seiner Opfer liegen offen zutage. »Vielleicht denken Sie wie ich, daß diese Gründe sich auf einen Nenner bringen lassen: Das Feuer ist immer vor der Feuerwehr da.«

Der Ehrliche ist bestrebt, mit sich und den anderen im Einklang zu leben. Er plant nichts Böses und denkt nicht an das Böse. Auf dem Programm der Demokratien steht das universelle Glück und nicht das Blutvergießen. So lassen sie sich von einem Gegner, der vom Wundenschlagen, Buckelschinden und von neuem Lebensraum träumt, nur allzu leicht überrumpeln. Ist kriminelle Phantasie gefragt, hat der Strolch dem friedlichen Passanten gegenüber eine Art natürlichen Vorteil. Auf der Lauer denkt er bei sich nur an »das eine«: Sie sind bestimmt nicht darauf gefaßt. Dem entspricht auf dem Gebiet der Krieges die Unbekümmertheit der demokratischen Eliten, die man selbstgefällig »Verhandlungsbereitschaft und Friedenswille« nennt. Dieses Unvermögen ist verständlich und vorhersehbar, auf die Dauer aber verhängnisvoll und somit nicht zu entschuldigen.

Hinter den gewöhnlichen Fehlern der Demokratie, gemeinhin als »Defätismus« und »Egoismus« angeprangert, mal als »Kriegslüsternheit«, mal als »falsche Nachgiebigkeit« gegeißelt, hinter den bekannten institutionellen Schwächen und moralischen Fehlern steckt vor allem eine mangelnde geistige Vorbereitung. De Gaulle mußte sich zwei Todsünden stellen: der Unfähigkeit der Demokratie zu einer entschlossenen Kriegsführung – die III. Republik ging an einem »drôle de guerre« zugrunde – und an ihrem Unvermögen zum rechtzeitigen Rückzug und zur Schadensbegrenzung – die IV. Republik scheiterte am fehlenden Mut, den Algerienkrieg zu beenden.

In beiden Fällen versetzte der Krieg die Machthaber in Panik, seine Ankündigung ließ die Generalstäbe vor Schreck erstarren, sein Anblick machte die Wähler kopflos. Das Leiden ist keine auf Frankreich begrenzte Krankheit, wie die Langzeitfolgen des amerikanischen »Vietnamsyndroms« nur zu gut zeigen.

Zu dieser Verwirrung der Geister gehört eine Mischung aus Abenteurertum und Selbstaufgabe, das am Beispiel der traurigen Truppe der bosnischen Blauhelme offenbar wird: Auf die

24

Schnelle entsandt, wurden sie der Geiselhaft überlassen, während sich die eindrucksvollste Allianz (NATO-UNO) in der Geschichte der Menschheit der Erpressung durch großserbische Milizen beugte. Solange der vielgesichtige Krieg unsere Demokratien überrumpelt und herausfordert, hat de Gaulle an Aktualität nichts eingebüßt. Und das Unverständnis, mit dem ihm kleine Geister postum begegnen, verdient eine eingehende Untersuchung.

II. Portrait Frankreichs als junger Mann

>»Fabrizio hatte diese Ähnlichkeit mit
der französischen Jugend,
sich sehr viel ernsthafter um sein Pferd
und sein Tagebuch zu kümmern
als um seine konformistisch denkende
Geliebte.«
>
> *Stendhal*

Es gab eine Zeit, da betrachteten die Franzosen den Krieg nicht als eine schädliche Krankheit. Offen und ohne falsche Scham beschäftigten sie sich mit seinen Wendungen und Wechselfällen, widmeten ihm dasselbe feinsinnige Interesse, das ihre Beichtväter auf das Fegefeuer und die Dichter auf die Spiele der Liebe verwandten. Sie sprachen vorbehaltlos über das Elend und den Schaden, den er anrichtete, offen wie Ärzte, die weder an Affektionen noch Infektionen Anstoß nehmen. In einer Eloge auf den damals noch unbekannten Romancier mit dem Pseudonym Stendhal bekennt Balzac sich ganz unmittelbar zur innersten Aussage seiner eigenen *Comédie Humaine* und stellt als Selbstverständlichkeit fest: »Frankreich liebt den Krieg in allem. Es schlägt sich auch im Frieden noch.« Keine Einschränkung schwächt die Bemerkung ab.

Den Krieg in allem zu lieben heißt soviel, wie den Grundsatz von der Verständlichkeit zu befolgen – ohne Gegenanzeigen. Der Dichter denkt überhaupt nicht daran, diese Liebe als Symptom einer grausamen Perversion zu geißeln, er macht seinem Leser vielmehr ein unmißverständliches Kompliment. Und für die Lektüre stellt er folgende Voraussetzungen klar: Ohne Krise und Konflikt wird der Roman des 19. Jahrhunderts nicht gedeihen. Kriege regeln die Beziehungen in der guten Gesellschaft nicht weniger als den Streit unter Räubern. Sie stabilisieren das labile Gleichgewicht der vorübergehenden Friedenszeiten, indem sie Stoff für unsere Debatten und Aufregungen bieten.

Die Logik des Krieges beherrscht das Innenleben mit einer den äußeren Feldzügen entlehnten Begeisterung. Begegnungen werden wie Duelle vorbereitet, ehrgeizige Vorhaben wie Militäroperationen durchgeplant. Aus Salons, Gassen, zwielichtigen kleinen Pensionen und unterirdischen Verliesen werden gleichermaßen Schlachtfelder von Ruhm und Grauen, wo Sieger wie Besiegte und auch die Flüchtlinge, die den Kämpfen ums nackte Überleben entronnen sind, redlich zu Tode kommen.

»Frankreich ist mit Schwerthieben geschaffen worden.« Das Waffengeklirr und Geschrei, das an den Grenzen ständig widerhallte und im Inneren periodisch wiederkehrte, schützte das Land vor Einfällen, brachte den Aufstieg zu einer Nation von Eroberern und bildete den klassischen Hintergrund für Religionskriege und Revolutionen. Der Zusammenprall von Nationen, der Klassenkampf und die erbitterte Feindschaft der Glaubensrichtungen verschärften den nicht enden wollenden Kampf Mann gegen Mann, von dem die Literatur von einst ihr nach Pulverdampf riechendes Zeugnis ablegt. »Wegen seiner körperlichen und moralischen Gestalt muß Frankreich bewaffnet sein oder untergehen.« (De Gaulle)

Bonaparte und ich oder nichts

Fabrizio und Alfred, Jugendliche aus dem letzten Jahrhundert, schaffen sich ihre fiktiven oder realen Abenteuer, indem sie sich am Ideal eines Rivalen messen, den sie so, bald bewundert, bald verabscheut, immer wieder ins Leben zurückrufen. Mit und gegen diesen inneren Bonaparte ziehen sie in ein unwahrscheinliches Austerlitz, erwerben in Ägypten Unsterblichkeit, geraten in die Beresinaströme des Herzens. Flaubert, Nietzsche und Dostojewskij berichten vom Ruhm und zählen die Toten des den Kontinent überziehenden geistigen Krieges, in dem der junge Europäer für sich eine unersetzliche und unumkehrbare Bestimmung fand.

Die Universalität der französischen Sprache hing nicht mehr an der Herrschaft der Regel, sie schöpfte aus dem Feuer des Gefechts eine »verkrampfte Heiterkeit«, die sich in alle Sprachen der Welt übertragen läßt. Sie etablierte sich als Stil nach dem Geschmack der *happy few*, die darauf bedacht sind, die hitzigen und schmutzigen Gefechte vornehm zu artikulieren.

Um die erotischen Wallungen einer Provinzapothekerin oder

die nervösen Zustände eines Geschäftsmannes im Lichte der Feldzüge der Großen Armee deuten zu können, mußten die banalen Details des Alltagslebens sich als Konfrontation, flammende Leidenschaft, Kampf auf Leben und Tod und hochfliegende Begeisterung für alles und jedes erweisen.

So wird gefordert und geliebt, wird Arm in Arm die Straße entlang gebummelt, auf die man sich gelegentlich auch mit dem Gewehr über der Schulter oder einem Pflasterstein in der Hand begibt. So stirbt man wegen ein paar Groschen oder fürchtet man verzweifelt, die Helden zu enttäuschen. Selbst bei der Banalität alltäglicher Existenzen führt die große Schlacht Regie, denn wenn sie fehlt, sind die Gefühle lau, gewinnt die Unentschlossenheit durchwachter Nächte und die Mißachtung von Feiertagen die Vorherrschaft.

Eine solche permanente Mobilisierung führte zwangsläufig in die Lächerlichkeit. Der begeisterte Revolutionär verkündete *urbi et orbi*, daß endgültig der »Große Abend« angebrochen sei. Der Patriot baute die Weltharmonien in seiner städtischen Blaskapelle auf die Kadenz der letzten aller Schlachten. Und war das Fieber für einen Augenblick gefallen, schloß daraus keiner, daß Schlachten nicht existierten und ein Krieg nicht stattfand. Daß leben kämpfen heißt, wurde an den Schulen gelehrt, von den Künstlern gesungen, von den Gewerkschaften wiederholt und in den Kirchen gepredigt. Die Denker entdeckten eine der ältesten Weisheiten des Abendlandes neu: »Der Krieg ist der Vater aller Dinge.«

Der Mensch wird als Kämpfer geboren. Sein erster Atemzug ist ein Schrei, merkt Freud an, und zwar ein Schrei der Wut, mit dem er sich bemerkbar macht und sich über die Grenzen zum Tierreich erhebt. Das Tier, Löwe wie Maus, unterliegt leidend und wimmernd dem Gesetz seiner Art. Das Kind duldet kein Leiden, es rebelliert. Von Anfang an begehrt es auf gegen die Diktatur der Außenwelt, so unerbittlich sie auch lasten mag, als geborener Rebell versucht es, das Joch abzuschütteln. Und bei jeder Krise steht ihm, zum Guten oder zum Schlechten, der uranfängliche Widerstand aufs neue frei: »Wir haben dem Schwert das Schwert entgegengesetzt, und die Freiheit begründet. Sie ist aus Gewittern hervorgegangen. Diesen Ursprung hat sie gemein mit der Welt, die aus Chaos geboren ist, und mit dem Menschen, der bei der Geburt weint.« (Saint-Just)

Es sieht so aus, als hätten die Zeiten sich geändert, als erhebe der Fortschritt den Frieden zum Gesetz. In Washington, Paris oder London bekommt der Krieg eine schlechte Presse. Fehlt nur, daß man ihn für endgültig überwunden erklärt, dann bräuchte man gewalttätige Konflikte nur noch von der Tagesordnung zu streichen und ihre Drahtzieher als harmlose Bluffer oder unterhaltsameZurückgebliebene hinzustellen. Ist der Gipfel des Glücks zum Greifen nahe, der Höhepunkt des Menschseins, der weihevolle Augenblick der gewaltigen Umwälzung, wenn der Löwe neben dem Lamm liegt, das Opfer den Täter küßt und das Kind zum Engel wird? Überwinden wir die Geschichte? Lassen wir das Schlachtfeld hinter uns und steuern den Hafen des gelobten Landes an, wo der ewige Friede herrscht, den alle Mythen beschwören und die Religionen verkünden?

Daß eine Veränderung sich Bahn bricht, mag sein. Daß anders als früher gekämpft wird, ist möglich. Daß die gewaltige Macht, die uns Wissenschaft und Technik verleihen, die Spielregeln von Grund auf verändert, wird niemand bezweifeln. Bleibt die Frage, ob die Mittel, die zur Rettung von uns allen und zu unser aller Vernichtung angehäuft werden, den Tempel des Janus für alle Zeiten verschließen werden. Oder ob sich all dies nur als trügerische Hoffnung erweist.

Glauben Sie, man könnte den Krieg als historisches Relikt ad acta legen, ihn als überwundene Menschheitserfahrung in Erinnerung behalten und als Verstoß gegen die *political correctness* aus unserem Wortschatz streichen? Muß man vom Ende eines Krieges, der mit der Drohung der Apokalypse den Frieden gesichert hat, auf das Ende der Kriege schließen? Muß man glauben, daß die Fähigkeit zur Brandstiftung, die der prähistorische Mensch mit dem Aufbau einer Zivilisation erworben hat, verlorengegangen ist?

Stendhals Paradox

Selbstverständlich lebt der Mensch von nichts anderem als vom Krieg. Auf allen Breitengraden zeigt er sogar unleugbar Schwierigkeiten, in Kategorien zu denken, die eine baldige Beendigung des Krieges voraussetzen würden. Gleichwohl ruft die Gewalt, obschon dank Nachrichtenübermittlung zwischen den Kontinenten noch immer an der Tagesordnung, Sprachlosigkeit hervor. Die seit Erfindung der Steinaxt überall verbreiteten Feindseligkeiten lösen peinliche Betretenheit aus: als sei es ein ungeschriebenes Gesetz, Rivalität zwischen Völkern als etwas Außergewöhnliches anzusehen, Mißtrauen zwischen Gruppen von Menschen als exotisch zu betrachten und die Ambivalenz der einzelnen, die sich umarmen und im nächsten Augenblick miteinander abrechnen, als atavistisch und in höchstem Maße reaktionär abzutun.

Feindseligkeit stört und verstört uns. Aus Angst, sie könnte anhalten, kommen wir ihr sogleich zuvor, pressen sie ins Schema »alles oder nichts«, betrachten sie entweder als endgültig und absolut oder aber als nichtig und unbegründet. Die unschuldige Predigt vom ewigen Frieden und die schroffe Forderung nach bedingungslosen Kapitulationen sind die beiden Seiten der hartnäckig sich haltenden Unfähigkeit zu akzeptieren, daß die Welt gefährlich ist, daß sich Zusammenstöße und Provokationen in die Länge ziehen und wechselseitig in Gang halten können. Obgleich das 20. Jahrhundert neue Rekorde an Massenmorden verzeichnet, zeugt es doch in erster Linie von unserer unverbesserlichen und unzulänglichen Fähigkeit, in einer vom Krieg beherrschten Welt Frieden vorzutäuschen.

Alles vollzieht sich so, als dürfe die Allgegenwart von Spannungen und Konfrontationen nicht einmal gedacht werden. Die Bedeutung einer Schlacht entgeht dem, der sie schlägt. Aus der Nähe betrachtet verliert sie ihren Glanz, aus weiter Ferne entschwindet sie. Fabrizio zieht sich eine Husarenuniform an, kauft drei Pferde, verliert sie, verführt eine Marketenderin, verliert sie aus den Augen, gerät unter Kanonenbeschuß, eskortiert den Marschall Ney und befördert einen gefürchteten Preußen ins

Jenseits. Nach zwei Verwundungen auf dem Weg der Besserung, geht ihm immer wieder die Frage durch den Kopf, die ihn seit dem Ausgang des bewegten Tages verfolgt: »Das ist doch eine richtige Schlacht?« Akteur und Zeuge, gewiß, aber bei was? Teilnahmsvoller Zuschauer, und zur rechten Stunde, aber bei welchem Schauspiel? Und wieder sehen wir ihn, in Gazetten vergraben, überprüfen, ob es erstens tatsächlich eine Schlacht gewesen und ob sie zweitens bei Waterloo geschlagen worden ist: Solange er dabei war, wußte er es nicht, und jetzt, wo er es weiß, ist er nicht mehr dort. Erregt und desillusioniert entdeckt Fabrizio in seiner Feuertaufe den Gegensatz von unmittelbarem Erleben und der unüberwindlichen Distanz, die jeden begierig sich Informierenden, der sich durch die Kanäle zappt, vom Ort des Geschehens trennt.

Nennen wir die unüberbrückbare Kluft zwischen der erlebten und der benannten Schlacht das Stendhalsche Paradox. Ein ähnliches Rätsel gab der Erste Weltkrieg auf. Niemals zuvor waren so viele des Lesens und Schreibens kundige Soldaten, so viele Studenten und Schriftsteller mobilisiert worden. Ihnen verdanken wir eine Fülle von Berichten und Zeugnissen, die das Dilemma des Stendhalschen Paradoxes ohne weiteres illustrieren. Da ist der Standpunkt des Frontsoldaten, konkret, unwiderlegbar und zwangsläufig einseitig. Da ist der Überblick aus dem Stabsquartier, aus dem Hinterland oder der Literatur, gegliedert, geordnet und zwangsläufig parteiisch. Jeder beharrt auf seiner Position.

Die ersteren reihen die nackten blutigen Tatsachen aneinander. Die gelehrten Kommentatoren malen ein Gesamtbild. Notgedrungen stellt man fest, daß beide Perspektiven keineswegs übereinstimmen oder sich ergänzen, sondern weit auseinander klaffen, ja, sich sogar widersprechen. Der Blick des einfachen Soldaten, der sich mit der Gesamtschau der Führung und der simplifizierenden Sicht der Biertischstrategen nur selten deckt, setzt ihnen oft sogar das entschiedene Dementi der schockierenden Realitäten entgegen. Schlachtfeld und Landkarte sind nicht dasselbe. Die erste Wahrnehmung, die von unten, vom Schützengraben und vom Stacheldrahtverhau aus, bedeutet Chaos und Auflösung. »Der Frontkämpfer sieht nicht weit . . ., da aber sein Gesichtsfeld eingeschränkt ist, sieht er genau; da es begrenzt ist, sieht er genau. Da seine eigenen Augen und nicht die der anderen ihn belehren, sieht er, was wirklich ist.« (J.N.Cru)

Auf der einen Seite haben wir die ergreifende Anekdote, die reine Erfahrung ohne Beweis, den Naiven, den die Ereignisse überholen. Auf der anderen Seite haben wir die Diktatur der Mächtigen, deren Beweise der reinen Erfahrung widersprechen, die in Kommuniqués die gefährlichen Erlebnisse der einfachen Teilnehmer rekonstruieren. Zwischen diesen beiden Fronten, im Wust der rohen Informationen und der selbstgefälligen gelehrten Ausdeutungen ohne Überprüfung noch Bestätigung, vermag der an moderne Telekommunikation gewöhnte Mensch Stendhals Paradox nicht zu entrinnen. Von zwei Seiten her droht die ideologische Simplifizierung. Vom abgehobenen Standpunkt aus, dem Vorher oder Nachher, ist eine Schlacht nur eine Vorstellung ohne Anschauung und gibt zu nebulösen Verherrlichungen, zu abstrakten Erklärungen und bildreichen Ausschmückungen Anlaß.

Von unten besehen zerfällt sie in Bündel zusammenhangloser Eindrücke, die fast zwangsläufig einen fanatischen Pazifismus nähren. Tatsächlich müssen ihre Züge nicht erst karikierend übersteigert dargestellt werden: Die unmittelbare Erfahrung, gewonnen in der Einsamkeit des Subjektiven, spricht überdeutlich für sich selbst. Als wirrer Haufen, bar jedes Planes, der ihr wild wucherndes Vorkommen in einen Zusammenhang stellen würde, heben sich örtliche Heldentaten und unerträgliches Leiden vor der beunruhigenden Folie einer stets wiederkehrenden Frage nach dem »Warum« ab. Die Sicht aus der Nähe, die als endgültiges Maß der Dinge gilt, verbietet, daß die Mannigfaltigkeit der Kämpfe, ob siegreich oder verloren, einen Sinn ergibt. Jeder Krieg erscheint absurd.

Gewinnerin ist in beiden Fällen die Ideologie, doch spielt sie mit gezinkten Karten. Der Militarist weiß den Sinn der Schlacht im voraus, der Kriegsgegner ist sicher, daß sie keinen hat. Mit der uranfänglichen Entscheidung für den Pointillismus der Anschauung oder den Höhenflug des Gedankens haben beide ein für allemal eine Perspektive gewählt, bei der die Aktualität keine unliebsamen Überraschungen mehr bringen kann.

Obwohl es einem bequemen Denker mannigfache Ausflüchte bietet, bedeutet das Stendhalsche Paradox keineswegs, daß der Versuch, sich mit dem Krieg auseinanderzusetzen, von vornherein zum Scheitern verurteilt ist. Es zeigt die Schwierigkeit des Unterfangens, wenn man sich nicht mit Klischees und vorgefertigten Ideen begnügt. Fabrizio entdeckt, daß es mit der großen Schlacht Napoleons wie mit den großen Leidenschaften steht. »Es gibt Leute, die hätten sich nie verliebt, wenn sie nie von der Liebe hätten reden hören«, meint La Rochefoucauld, schließt daraus aber nicht auf die Inexistenz der Liebe, sondern auf die übergroße Macht des Wortes. Die Kluft zwischen Name und Ding spricht weder gegen das eine noch gegen das andere. Sie bedeutet eine Polarität, in deren Spannungsfeld beide sich befruchten. Freilich mit der Gefahr einer Mystifizierung, die stets möglich, aber nicht zwingend ist.

Durch Mißgeschicke und Enttäuschungen gestärkt, zieht Fabrizio Bilanz: Waterloo ist Waterloo, das Ende eines Traums und einer Herrschaft. Die Ruhmessonne von Austerlitz geht unter. Die den Sieg verherrlichenden Drucke mit dem Adler, die den Knaben fasziniert hatten, gehören einer überwundenen Vergangenheit an. Das Heldenepos ist wie die Armee am Ende. Die Erfahrungen des jungen Fabrizio del Dongo trügen nicht. Sie sind weder Erlebtes ohne Zusammenhang noch Vorstellung ohne Realität. Zug um Zug stellen sie sich als lebendig und historisch heraus. Mit der Abkehr von Bonaparte findet Fabrizio zu sich selbst: Er erkennt, daß er in einem postnapoleonischen Zeitalter lebt, wo Schlachten warten, die seine eigenen sind. Seine Feuertaufe ist zugleich ein literarisches Debüt.

Ein junger Mann ist geboren, der die Zeitgenossen Roman um Roman am endgültigen Verschwinden des großen Mannes mißt, der ihnen noch immer keine Ruhe läßt. Wie seine Brüder bei Flaubert und Dostojewskij verlernt Fabrizio, andere nachzuahmen. Beschwört Raskolnikow, um die Zweifel vor seinem schändlichen Verbrechen zu zerstreuen, nicht die glorreiche Erinnerung an Napoleon? Der junge Mann bezahlt das Lehrgeld einer Ablösung von Napoleon, wie seine Nachgeborenen Solschenizyn und Schalamow ein Jahrhundert später unter schrecklichen Opfern die Abkehr von Stalin vollziehen.

Stendhals Paradox entreißt die Schlachten der epischen Begeisterung, der idyllischen Sentimentalität und der propagandistischen Großspurigkeit, es stellt sie als etwas dar, was es erst noch kennenzulernen gilt. Das Paradox des Wissens: Man lernt nur, was man noch nicht weiß. Doch um das Lernen in Angriff zu nehmen, muß man wissen, was man nicht weiß, lernen, daß man lernt, und sich als fähig erweisen, das Unbekannte zu erkennen. Zwischen Benanntem und Wahrgenommenem, zwischen Begriff und individuellem Erleben, Bekanntem und Unbekanntem besteht ein Beziehungsgeflecht ähnlich den Fäden, die Stendhal zwischen dem Waterloo von Napoleons Haudegen und dem späteren der Historiker knüpft. Den Drahtseilakt, der vom Besonderen zum Allgemeinen, vom Einzelnen zum Universellen und von der Anschauung zum Konzept führt, nennt die Schulphilosophie gemeinhin »Induktion«. Der aus dem Latein entlehnte Begriff geht auf das griechische *epagoge*, »Weg nach oben«, »Aufstieg«, zurück. Um die Besonderheit dieses Vorgangs zu verdeutlichen, bemüht Aristoteles eine Szene aus dem Militär: Eine Armee gerät in Panik, die Reihen lösen sich auf, die Soldaten stürzen in alle Richtungen davon. Doch plötzlich bleibt ein Fußsoldat stehen, versucht, die Lage zu überblicken, worauf ein zweiter stehenbleibt und dann ein dritter... Dieses Innehalten während einer wilden Flucht ist der Auftakt zur *epagoge*. Das hat nichts zu tun mit dem Fliegenbeinzählen eines statistikbegeisterten zerstreuten Professors.

Die Ideologie, »betäubt durch Hoffnung«, huldigt der *petitio principii*. Sie pocht auf Antwort, ehe die Frage gestellt ist: Mein Krieg, sagt sie, kann nur gerecht und siegreich sein, oder, umgekehrt, Krieg ist immer verbrecherisch. Angesichts unerschütterlicher Überzeugungen scheint das Problem von vornherein gelöst. Weder sie noch das Ereignis stehen in Frage. Erfahrung findet nicht statt. Dagegen muß, wer den dornigen Weg der Erkenntnis geht, an zwei Fronten kämpfen: Er muß an Begriffen, die trotz der Dementis durch Fakten Gültigkeit bewahren, festhalten, ohne im Gestrüpp verfestigter Meinungen hängenzubleiben.

Sich selbst eine Meinung zu bilden schließt mit ein, daß man zum Allgemeinen aufsteigt und dieses auf den Boden beweisbarer Tatsachen zurückholt. Man zahlt einen hohen Preis dafür, daß man diesen doppelten Bruch vollzieht: zum einen mit der abgehobenen Sicht der anmaßenden Eliten und zum anderen mit der Kurzsichtigkeit einer oberflächlichen Wahrnehmung, die sich in die Sphäre des Persönlichen einschließt und von dem, was geschieht, nur das zurückbehält, was ihr geschieht. Aufmerksam und kritisch lernt Fabrizio über Waterloo zu »induzieren«, ähnlich dem Fernsehzuschauer, der die Flut der Nachrichten eindämmt und beschließt, in sich zu gehen und zu vergleichen, was er sieht, hört und fühlt.

Der Geburtsakt der Erkenntnis reißt Brücken ein und stellt die chaotische Masse vorgefertigter Meinungen in Frage: ». . . ähnlich wie wenn in der Schlacht alles flieht, aber Einer stehen bleibt, und nun ein Anderer und wieder ein Anderer sich ihm anschließt, bis die anfängliche Ordnung wiederhergestellt ist. Es hat aber die Seele eine solche besondere Art, daß sie dies erleiden kann.« Die Entscheidung für das Denken fällt »inmitten der wilden Flucht«, wenn man nicht mehr weiß, was man denken soll. Für sein gebildetes Publikum war Aristoteles' Vergleich durchschaubar, denn jeder erinnerte sich an das philosophische Vorbild Sokrates und dessen Kaltblütigkeit, als »sich das Heer von Delion fliehend zurückzog«. Als einfacher Fußsoldat übertraf er seinen Feldherrn und Gefährten Laches an Geistesgegenwart: ». . . und dann schien er . . . auch dort einherzugehen, stolzierend und stier seitwärts hinwerfend die Augen, ruhig umschauend nach Freunden und Feinden; und jeder mußte es sehen schon ganz von ferne, daß, wenn einer diesen Mann berührte, er sich aufs kräftigste verteidigen würde.«

Der Erfinder der Philosophie, der Fürst der Weisheit, war ein Hoplit, einer jener Athener Bürgersoldaten, denen Griechenland die Freiheit verdankte. So bedeutende Denker wie Montaigne und Descartes, den Péguy als »französischen Cavalier, der so schneidig drauflos ging« grüßte, zeigen eine Vorliebe für das Militär, hinter der weder Affektiertheit noch Snobismus steckt. Zwischen dem Mut des Soldaten und der Leidensfähigkeit einer einsamen Seele besteht eine geheime Wesensverwandtschaft. Sie führt zu beherzten Entscheidungen bei Tagesanbruch, getroffen auf dem Höhepunkt der inneren und äußeren Panik, wenn das Individuum, von der Gefahr getrieben, die Situation meistert.

Die Schulbücher, die sich rühmen, die Paradoxa von Induktion und Deduktion aufzulösen, können den Widerstreit der beiden Thesen in Wahrheit nur mildern: Die eine postuliert, daß der Mensch, vom sinnlich wahrnehmbar Gegebenen ausgehend, dies miteinander verbindet, um zu immer allgemeineren Begriffen voranzuschreiten. Der anderen zufolge ist der Geist von allgemeinen Begriffen bevölkert, welche die dunkle Welt der gesetz- und formlosen Empirie beherrschen. Ob man sich für eine Variante des »Sensualismus« oder für eine »spiritualistische« Spielart entscheidet, Ausgangspunkt ist immer der bekannte feste Boden unwiderlegbarer »Sinneswahrnehmungen« oder unfehlbarer »angeborener Ideen«.

Dem Menschen, der in einem militärischen oder erkenntnistheoretischen Desaster eine Induktion durchführt, stehen solcherlei solide Schutzgeländer nur schwerlich zur Verfügung. Er steht nicht auf dem Boden des unanfechtbaren Individuums. Er stellt keine Gesetze mittels makelloser Universalien auf. Die fruchtlosen Thesen der Schulweisheit versinken im Debakel, der Boden bricht unter den Füßen ein, und der Himmel droht einzustürzen. Wenn er sich entschließt, plötzlich stehenzubleiben und aus der allgemeinen Panik auszubrechen, kann er die Situation noch retten. Er sieht sein Heil nicht weiter in einer wilden Flucht zu den trügerischen Ufern scheinbar sicherer Häfen. Er verzichtet auf die Gewißheit der Handbücher, um sich in der ihn umgebenden Panik zu orientieren. Statt grundlegende Erkenntnisse als gegeben und erworben hinzunehmen, nimmt er den Mangel zum neuen Ausgangspunkt: Ich weiß, daß ich nichts weiß, sagt sich der Nichtwissende im Geiste von Sokrates.

Am Anfang steht das Staunen, wiederholt Aristoteles. Ich zweifle, fügt Descartes hinzu. Ich setze die Welt »in Klammern«, fährt Husserl fort. Nichts ist dem Menschen gesichert, der auf Erkenntnis Wert legt. Von einer Krise der Grundlagen zur nächsten öffnet unersättliche Neugier der Betrachtung neue Bereiche.

Am Anfang des 19. Jahrhunderts merken die Schriftsteller als erste auf: Der Krieg wird Teil des öffentlichen Bereichs, er emanzipiert sich von Ritualen und Traditionen, ist nicht mehr einer privilegierten Kaste von Adligen und Kriegern vorbehalten und bleibt nicht die Privatangelegenheit der Fürsten. Er entzieht sich dem Einfluß der Volksführer, selbst dem des angesehensten, der in Fontainebleau abdankt. Statt von der Bühne abzutreten, wird er säkularisiert und individualisiert. Nur vorläufig zieht er sich von den Schlachtfeldern zurück und macht die Gehsteige, Salons und Notariatskanzleien unsicher. So sehr durchdringt er die Sphären des bürgerlichen Lebens, daß er einige scharfsinnige Geister – aber sie sind nicht zahlreich – mit seinem plötzlichen Ausbruch in weltweiten Blutbädern ein Jahrhundert später durchaus nicht überraschte.

III. Am Anfang steht das Äußerste

»Frage einer alten bretonischen Dienerin
an ihren Herrn. Sie will wissen, was
der Krieg sei. Er antwortet:
›Das sind kämpfende Soldaten.‹
Sie schließt: ›Die müssen ja betrunken sein,
so lange zu kämpfen!‹«

R. Rolland (Journal)

Ein seltsamer Friede! Der Zusammenbruch des europäischen Kommunismus zieht dreifach paradoxe Folgen nach sich:

a) Der Fall der Berliner Mauer und der Zerfall der Sowjetunion haben bei weitem keine friedliche Ordnung herbeigeführt, sondern das Pulver vielmehr entzündet.

b) Der Bankrott der Ideen vom Oktober 1917 (der angeblich unüberschreitbare Horizont – Sartre – der Revolution bis zum Ende – Lenin) hat den inneren Frieden nicht gefestigt, sondern im Gegenteil eine Ära eröffnet, in der subversive, brudermörderische und terroristische Konflikte (»islamische« Revolutionen, ethnische Säuberungen und so weiter) sich häufen.

c) Im Westen wie im Osten ist das Gefühl der Unsicherheit vorherrschend, Konsense zerfallen. Jeder ahnt, daß das Ende des Kalten Krieges mit einer Überfülle von heißen Kriegen schwanger geht.

Es sieht ganz so aus, als habe das »Wunder« von 1989 einer Welt, die noch katastrophaler ist, als in der Theorie gewöhnlich angenommen wird, den Schleier der Maja heruntergezogen: Krieg zwischen Staaten, Krieg im Inneren der Staaten, Krieg zwischen Individuen. Mit den Hoffnungen erwacht zugleich die Grausamkeit. Nachdem die oft versteinerten Eliten und die bisweilen zur Hysterie neigende Öffentlichkeit zwei Weltbrände geschürt und erlitten und anschließend von den Zwängen eines Friedens durch Abschreckung profitiert haben, entdecken sie allenthalben erneut eine Kriegsgewalt, so inter- wie innernational und so subjektiv und spirituell wie mörderisch und nüchtern.

Unter der wunderschönen Karte vom Land der Liebe des auf

ewig gelobten Friedens scheint das Reich der rauhen Wirklichkeit auf, zersplittert durch die Geopolitik der Grausamkeit. Statt der neuen Zeiten, der kosmischen Ordnung und des »gemeinsamen europäischen Hauses« kommt ein Chaos schwelender Zwistigkeiten, unterschwelliger Ressentiments und tief verwurzelter Aversionen zum Vorschein.

Der Antagonismus zweier Pole hat heikle Situationen in der Schwebe gehalten, hat sie weder beseitigt noch überwunden, sondern vielmehr festgeschrieben. Kein Wunder, daß Václav Havel, noch Neuling im Klub der durch die Welt jettenden Prominenzen, verblüfft entdeckt, daß sich seine erfahrenen Gesprächspartner sehr in die »gute alte Zeit« der beiden Lager zurücksehnen, als Freund und Feind noch klar und deutlich erkennbar waren. Trügerische Sehnsucht! Denn hinter der geordneten Choreographie der beiden rivalisierenden Supermächte keimten bereits die Frühlingsblumen einer Gewalt, die heute zur vollen Entfaltung gelangen.

Eine Statistik der UNICEF (aus dem Jahr 1992) rechnet vor, daß von den Kriegsopfern des Ersten Weltkriegs 80 Prozent Soldaten waren, von denen des Zweiten Weltkriegs nur noch 50 Prozent. Von den seither zu beklagenden rund dreißig Millionen Kriegstoten waren 80 Prozent Zivilisten, meist Frauen und Kinder. Die Schätzung der Verluste von 1914–1918 müßte überprüft werden, aber die seit langem bestehende Tendenz ist unleugbar vorhanden. In den Kriegen standen sich einst Armeen gegenüber, während Massaker unter den Zivilisten vom sekundären Kriegsgewinn herrührten, da die Armeen im Land wüteten und sich aus dem Land verpflegten. Das waren die berühmten »*malheurs*«, die Plagen, die Jacques Callot in seinen bekannten Stichen illustriert hat.

Seither ist das Sekundäre primär und die Ausnahme zur Regel geworden. In allen Krisenregionen der zweiten, dritten und vierten Welt ist die Konfrontation von Militärs und Zivilisten nicht nur bei der Machtübernahme, sondern auch bei der Ausübung der Macht die vorherrschende Methode. Der Prätorianer ernährt sich mit seiner Maschinenpistole sicherer als der Bauer mit der Sichel oder der Arbeiter mit dem traditionellen Hammer.

Nach drei Jahren Barbarei in Ex-Jugoslawien ist der Name
keiner Schlacht in Erinnerung geblieben, aber eine ganze Liste
von Namen der dem Erdboden gleichgemachter oder gemarter-
ter Städte können wir herunterbeten. Die Litanei von Vukovar,
Dubrovnik, Sarajevo, Goražde, Mostar, Banja Luka . . . spricht
für sich. Soldaten erringen ihre Siege selten im Kampf gegen
andere Soldaten, eher im Niedermetzeln unbewaffneter Bürger.
So macht die Brutalität der serbischen Truppen, denen die
Kroaten gelegentlich nacheifern, das erstaunte Europa mit dem
Zündstoff vertraut, der den gesamten Kontinent vermint. Lange
ist es her, daß barbarische Militärs am Rande des Kalten Krieges
wehrlose Zivilisten nach Belieben abgeschlachtet haben. Um
sich einen Schmerbauch zu leisten, muß man in den meisten armen Ländern ein Wehrgehenk tragen und eine blitzend be-
treßte Uniform besitzen.

Unsere Epoche war das Zeitalter der – wie man so vieldeutig
sagt – »totalen« Kriege und Revolutionen. Kann man bei so er-
schütternden Ereignissen von weltweiter Bedeutung eine Ko-
sten-Nutzen-Rechnung erstellen? Und dann alles wegwischen
und bei 1900, bei der Belle Epoque und dem Wiener Walzer
von vorn beginnen?

Clausewitz hat sich, in anderem Rahmen zwar, einer ähnlichen Herausforderung gestellt: Nachdem Napoleon in Waterloo besiegt, nach Sankt Helena verbannt und heimlich unter die
Erde gebracht worden war, fand Europa, wie es scheint, zu seinen überkommenen Sitten zurück, und die Konfrontationen
zwischen den Nationen bewegten sich scheinbar wieder in den
traditionellen Bahnen. Die Geschichte fand sozusagen in ihr
Bachbett zurück. Die Episode der Abenteuer der Großen Armee war zu Ende. So ziemlich als einziger behauptete Clausewitz, daß das, was Bonaparte als möglich vorgeführt hatte, auch
nach Bonaparte möglich blieb.

Die Restauration belebte die Erinnerung an die alten Zeiten
auf romantische Weise wieder und verwies die Schlachten in die
Museen: »Napoleon hat dem Krieg, indem er ihn übertrieb, den
Untergang bereitet.« (Chateaubriand) Der Berliner General
und Theoretiker begründete eine Strategie der Zukunft auf ei-

nem der Geschichte innewohnenden Konzept der Ziele, der Mittel und der Handelnden im kriegerischen Wagnis. In seinem »Manifest von 1812« schreibt Clausewitz, man müsse blind sein, um nicht zu erkennen, wie anders die Kriege heute seien entsprechend den Erfordernissen der Zeit und der jeweiligen Situation, das zeigten viele Beispiele. Krieg sei Kampf aller gegen alle, nicht ein König führe Krieg gegen einen anderen König, nicht eine Armee gegen eine andere, sondern ein Volk gegen ein anderes, und König und Armee seien dabei Teil des Volkes.

Zum Glück eskalieren nicht alle Konflikte bis zum Äußersten, und der Stratege bemüht sich ja gerade um die Mittel, die sie entschärfen oder eindämmen. Voraussetzung für die Beherrschung von Gewalt und Gegengewalt ist die möglichst nüchterne Betrachtung dessen, was geschehen kann, mit dem Ziel, es zu erschweren und damit unwahrscheinlich zu machen. Es ist an uns, vom Scharfblick eines Clausewitz zu profitieren und dabei zugleich illusionslos die Erfahrungen eines besonders blutigen Jahrhunderts, nämlich des unseren, einzubeziehen.

Im Abstand von zwanzig Jahren saßen zwei französische Kriegsgefangene im deutschen Zentrum des Sturmes. Die scharfen Beobachter bewahrten sich den klaren Blick, ließen es nicht zu, daß das Elend der Gefangenschaft von den Betrachtungen, die sie über alles und jedes anstellen wollten, ganz Besitz ergriff. Als wieder Frieden herrschte, veröffentlichten sie die Früchte ihres langen, schweigenden Nachdenkens, die, Zeitzeugnis, Reportage und Biographie hinter sich lassend, ganz aufs Grundsätzliche zielen. Keine Anekdote erinnert den Leser daran, daß die strenge Gedankenführung, die er genießt, ihren Biß vielleicht auch den Härten eines mit keinem Wort erwähnten Kerkerlebens verdankt. Nach dem Vorbild des stoischen, »in seinen Ketten freien« Weisen praktizierten Charles de Gaulle (der 1916 in Gefangenschaft geriet) und Fernand Braudel (nach 1940) jene Askese, die Vernunft zu wahren ermöglichte. Ihre Vernunft dachte allerdings in entgegengesetzte Richtungen.

In *La Discorde chez l'Ennemi*, einem klaren, gedankenreichen

Essay, geflissentlich ohne die chauvinistischen Klischees, die in der Ära immer wieder heruntergebetet und in Reden verbreitet wurden, legt de Gaulle eine scharfsinnige Analyse der deutschen Lage vor und sieht die Dinge richtig voraus. Und er blickt weit. Er formuliert das Anliegen, das von da an für immer den Kern seines Denkens und Handelns bildete: die Gewalt in der Welt, welche 1914 in Erscheinung getreten ist, die bestehen zu bleiben oder sich zu wiederholen droht, die keiner anderen gleicht, eine europäische und bald auch globale »Revolution«, wie man sie sich im 19. Jahrhundert nicht vorgestellt, der man nicht vorgebeut und die man schon gar nicht gebannt hat. Nichts wird wichtiger sein als der Krieg, ein nicht zu überschreitender Horizont der Zukunft wie Geburt und Tod.

Fernand Braudel veröffentlichte nach seiner Entlassung das Buch *La Méditerranée*. Das Material lag bereits 1939 vor, die langen Monate der Gefangenschaft sind auf sein Denken anscheinend ohne Wirkung geblieben, haben allenfalls die Drucklegung verzögert. Von 1939 bis 1946 hat sich nichts bewegt. Eine solche Verdrängung von Aktualität bestätigt auf existentielle Weise eine vorausgegangene theoretische Entscheidung – Braudel wird später der dritte Papst der angesehenen Ecole des Annales, des einzigen Gemeinschaftsunternehmens von internationaler Geltung, das der französischen Intelligenz im 20. Jahrhundert hervorzubringen vergönnt war. Der Historiker sprang auf einen fahrenden Zug auf: Seine Lehrer Marc Bloch und Lucien Febvre hatten bei der Gründung der Schule die traditionell hochgeschätzte »Ereignisgeschichte der großen Schlachten und der großen Männer« zu Grabe getragen. Braudel beachtete das Postulat der Gründerväter: Es gibt Wichtigeres als den Krieg.

»Ich mußte zu all diesen Ereignissen, die uns das Radio und die Zeitungen des Feindes vermittelten, selbst zu den Nachrichten aus London, die uns über unsere heimlichen Empfangsgeräte erreichten, Distanz wahren, sie beiSeite wischen, sie verleugnen. Genug der Ereignisse, vor allem der entmutigenden! Ich mußte glauben, daß die Geschichte, das Schicksal, auf einer tiefer liegenden Ebene geschrieben wurde.« Großartige Konsequenz! Angesichts der Sintflut des Zweiten Weltkrieges rückt der Historiker von den geistigen Positionen, die er am Ende des Ersten Weltkrieges gewonnen hat, keinen Fingerbreit ab. Die Kriegsgewalten bedeuten nur Zäsuren in einer Geschichte, die, im großen Rahmen betrachtet, den übergreifenden Hintergrund bildet und sie erklärt. Die methodische Unterordnung der kurzen unter die lange Sicht, des Konjunkturellen unter das Säkulare, kommt nicht von ungefähr: »Ich mußte glauben ... «

Nach Verdun verkündet, wird dieses Prinzip im grellen Scheinwerferlicht der Massengräber von 1914–1918 ausformuliert. Marc Bloch und Lucien Febvre, die sich an den grausigen Offenbarungen nicht einfach vorbeistehlen, stellen die gewaltige Krise der Menschheit ins Zentrum der Debatte und nehmen sie zum Ausgangspunkt ihres Denkens. Wie de Gaulle, aber in entgegengesetzter Stoßrichtung, verweisen sie auf einen Bruch, der es nötig mache, sich von den bis dahin gebräuchlichen Vorstellungen und Herangehensweisen zu lösen und anders zu denken als »vorher«.

Angesichts des »beispiellosen Weltenbrandes«, der das geistige, gesellschaftliche und militärische Gleichgewicht des alten Europas in den Grundfesten erschütterte, ist jeder Versuch, den vormaligen intellektuellen Status quo wiederherzustellen, zum Scheitern verurteilt. Ein Jahr nach Ausbruch der Feindseligkeiten, am 9. Juli 1915, mahnt der Dichter Rilke: »... denn solange die Zerstörung in der Welt ist, wer darf aufatmen, wer etwas für gesichert, für geschont, für gerettet halten?« Als die Kämpfe dann nach vier Jahren enden, erscheint der Versuch einer Rückkehr zum Ausgangspunkt lächerlich, da »die Namen Krieg und Frieden gleichzeitig wegfallen, ein unbekanntes, unbenennbares Geschehen gerade in *dem* Augenblick hereingebrochen ist, in dem man es am nötigsten hätte, sich wieder im Vertrauten und Gesicherten einzurichten«. Wir schreiben den 19. Dezember 1918.

Von der allgemeinen Bestürzung bleiben weder die Gottlosen verschont noch die Mystiker. »Es will uns scheinen, als hätte noch niemals ein Ereignis so viel kostbares Gemeingut der Menschheit zerstört, so viele der klarsten Intelligenzen verwirrt, so gründlich das Hohe erniedrigt«, schreibt Freud, »in dieser

Nacht habe ich in Angst vor dem blutigen Schisma, das die Welt gegenwärtig ohne eine mögliche Anrufung irgendeines Schieds-richters teilt . . . die Finsternis und die Leere um die Erde herum geschaut«, ruft Teilhard de Chardin verstört. Der nüch-terne Nationalökonom Keynes flicht in seine Kalküle angesichts der anhaltenden Weltverwirrung Shakespearesche Verse ein – »wir sind über das Maß des Erträglichen hinaus erregt . . . Nie-mals im Leben des heutigen Menschen hat das Gefühl der Welt-zusammengehörigkeit in seiner Seele so trübe gebrannt«, und der Militär zieht eine finstere Bilanz: »Die Summe der Leben und Güter, die unsere Schlachten von Jeanne d'Arc bis Rocham-beau gekostet haben, erreichen nicht die traurige Gesamt-summe, die uns der Große Krieg kosten wird.« (De Gaulle)

Die neuartige Gewalt wütet allenthalben. Sie zerstört phy-sisch, sie ist wirkungsvoller und heftiger. Sie greift nach dem Geistigen, der berühmten »Moral« von Truppe und Bevölke-rung, die sie zu Waffen und zur Zielscheibe zugleich macht. Die mörderischen Kämpfe respektieren den Unterschied von einst nicht mehr, sie springen von der Front ins Hinterland, vom Mi-litärischen ins Zivile über. Sie bringen die Klassenverhältnisse ins Wanken, machen vor sexuellen Beziehungen nicht halt. In ihrem Fahrwasser erscheinen die kurzen Röcke, die Frauenar-beit, die sogenannte Konsumgesellschaft, erste Aufstände gegen die Kolonialregierungen, bolschewistische und faschistische Re-volutionen, denen gegenüber die gesellschaftlichen Unruhen, die Lieblingsthemen verstorbener Dichter und greiser Parla-mentarier, wie Kinderspiele anmuten. Europa hat überlebt, aber es hat sich von dem Blitzschlag, der seine Geschichte 1914-1918 entzweiriß, nicht mehr erholt. Es hat entdeckt, daß das Zentrum des Universums von jeher eine Illusion war.

Zwei Intuitionen zu einer Gewalt

Der gemeinsame Schmerz, daß man den Schlag, der einen trifft, nicht hat kommen sehen, nährt in der Generation der Davonge-kommenen den Wunsch nach geistiger Erneuerung. Aber jenseits der gleichen Feststellung sind die gewählten Strategien verschieden und widersprüchlich. Für de Gaulle verhindert ein Zuviel an Scheuklappen, Faulheit und Routine, daß man das Heraufziehen des Kriegswahnsinns bemerkt, der diejenigen, die ihm keinen Gedanken widmen, stets überrascht und bestraft. Für die Ecole des Annales ist der Krieg als folgenschweres Phantasma entlarvt: Im einfältigen Glauben, das Schicksal der Welt entscheide sich auf dem Schlachtfeld, habe sich das aufgeklärte Europa in den Selbstmord gestürzt. Trotz aller Gelehrtheit ihrer Betrachtungen reagieren die Historiker genau wie das Volk, das die Dimension des Massakers abstößt. Und de Gaulle hebt hervor: »Überall ist jetzt eine Art Mystik verbreitet, die nicht nur die Tendenz hat, den Krieg zu verfluchen, sondern auch zum Glauben neigt, er sei überholt, denn das hätte man gerne.«

Den General und die Professoren trennte ein beständiges Mißverständnis, nicht deshalb, weil sie sich nicht gut verstanden hätten, sondern hauptsächlich deshalb, weil sie den Krieg mit verschiedenen Augen sahen. War er für den einen, ob durchlebt oder nicht, der Prüfstein der Realität, so beruhte er für die anderen auf einem dramatischen Irrtum.

Der Streit dreht sich zunächst einmal um die Bewertung des soeben Erlebten. Was hat den »Großen Krieg« groß gemacht? Eine eindrucksvolle Freisetzung zerstörerischer Energien, meint der Stratege, für den die Sache noch nicht abgeschlossen ist. Eine gewaltige Illusion, eine Art Autosuggestion der Staaten und Soldaten, die alles auf eine Karte zu setzen meinten, befinden die Historiker, die auf ein Ende des Abenteuers hoffen.

Schon 1921 befaßte sich Marc Bloch mit der »ungeheuren sozialpsychologischen Erfahrung«, die »von unerhörtem Reichtum« sei. Er beschäftigte sich mit Falschmeldungen von 1914–1918, untersuchte, »auf welch besondere Weise das kollektive Vorstellungsvermögen Blüten treibt«. Marc Bloch begründete die Sozialgeschichte der Denkweisen, er führte aus, wie sehr die allgemeine Mobilität den Menschen entwurzle, traditionelle Bindungen zerreiße und eine »große moralische Verwirrung« stifte, die »alle jene Themen« wiedererwecke, »die das im Grunde klägliche menschliche Vorstellungsvermögen seit Anbeginn der Zeiten ständig wiederkäut: Geschichten von Verrat, Gefangennahmen, Verstümmelungen und von Frauen, die verwundeten Soldaten die Augen ausstechen, Themen, die einst die Dichter und Trobadoure besangen und die heute Feuilleton und Kino verbreiten«. Die Größe des Großen Krieges war für den Historiker eine simple Frage der Einschätzung. Sie reduzierte sich für die damalige Lichtgestalt der Geistesgeschichte, den Philosophen Alain, auf ein Problem des gutberatenen oder fehlgeleiteten Urteils.

Heutzutage gelten Konflikte oft in erster Linie als »Medienereignisse«, als hätten die Massenmedien die magische Gewalt, die ganze Welt fabulieren zu lassen, als seien die postmodernen Kriege irreal, eine bloß arrangierte Simulation, die auf dem Fernsehschirm entstehende x-te Version des Überschäumens der kollektiven Einbildungskraft. Hartnäckig und unermüdlich betreibt die Gelehrsamkeit mit variierenden Theorien die Entrealisierung des Konfliktes, Zeugnis eines pädagogischen Anliegens mit langem Atem.

Der Lehrplan gibt seine militante Absicht durchaus preis: »Die Geschichte ist ein Mittel, die Vergangenheit zu organisieren, um zu verhindern, daß sie den Menschen zu schwer auf den Schultern lastet.« (L. Febvre) Den Zeitgenossen, die das Schauspiel immer neuer Blutbäder bedrückt, macht der Historiker ein schönes Geschenk, denn er schlägt vor, die scheinbare Größe des Krieges auf seine tatsächliche Niedrigkeit zurückzustutzen, den kollektiven Mord wieder an seinen Platz, das heißt an den Schandpfahl, zu stellen: ». . . eine Kultur kann sterben, die Kultur stirbt nicht . . . Denn was, bitte schön, ist in Europa im 6., 7., 8., 9. und 10. Jahrhundert passiert? Was, wenn nicht schon damals, inmitten namenloser Umwälzungen, Erdrutsche, Massaker, von Pausen unterbrochene, aber lange andauernder Flächenbrände mit Erholungen und Reprisen, ein Kampf zwischen Kulturen: barbarische gegen römische, nordische gegen mediterrane, asiatische gegen europäische, ein gegenseitiges Sichfressen von Kulturen. Und am Ende, ganz frisch und ganz jung, die christliche Kultur des Mittelalters. Diese große Neuigkeit, von der wir gestern noch einzig lebten. Von der wir noch immer übersättigt sind. Und meine ›Vorhersagen‹ als Historiker? Eine mehrfache Rückbesinnung aufs Alte.«

Der Schäfer antwortet der Schäferin! Am Ende des Zweiten Weltkrieges, im Jahr 1946, dekretiert der Historiker der bedeutendsten Schule die von allen und vornehmlich von Valéry am Ende des Ersten Weltkrieges zum Ausdruck gebrachte Befürchtung als überholt: »Wir Kulturen wissen jetzt sehr gut, daß wir sterblich sind.« Der Historiker wendet ein: Die Ängste sind sich selbst zu sehr im Wege, sie sollten den Gedanken in sich aufnehmen, daß Kulturen zwar vergehen, aber ineinander aufgehen. Ihr donnerndes Aufeinanderprallen, so fatal es sein mag, ist nur eine Art Schluckauf der Geschichte, »mit ihrer Konfrontation bereiten sie sich darauf vor, einander aufzunehmen«. Niemand leugnet die Grausamkeit der Kriege, aber alle bewerten sie anders. Für die Ecole handelt es sich um ein Scheingefecht, um ein Töten auf der Bühne, über der »die« Zivilisation die Fäden zieht.

Für de Gaulle handelt es sich um ein Schicksal: »Kein Jahrhundert ist vergangen, ohne daß die Welt den abscheulichen Besuch des Krieges erhalten hat. Keine Nation hat im Frieden entstehen, wachsen und sterben dürfen. Die Geschichte der Menschen ist leider die ihrer Waffen!«

Über die fünf zwischen ihnen liegenden Jahrhunderte hinweg stehen sich unser Zeitgenosse Fernand Braudel und Philipp II. von Spanien, der am 13. September 1598 gestorben ist, in einem imaginären Konflikt gegenüber. Auf den letzten Seiten seiner Doktorarbeit begräbt der Historiker den König und zieht an seinem Sterbebett Bilanz. Er hält den Tod des erhabensten Herrschers des Abendlandes für vernachlässigenswert, »ein sensationelles Ereignis, dessen Kunde über das Meer und in die Welt hinausging«. Er gibt dem Leser, mit gerechtem Blick auf den Sterbenden, eine Erklärung: »Wir Historiker finden nicht den rechten Zugang zu ihm: Er empfängt uns wie Botschafter mit erlesener Höflichkeit, schenkt uns sein Ohr, antwortet leise, zuweilen unverständlich . . .« Für Braudel, der sich gelegentlich den Pluralis majestatis gönnt, hat diese unverständliche Art des

Monarchen nichts Geheimnisvolles: »Es ist kein Mann mit gro-ßen Ideen. Er sieht seine Aufgabe in der Bewältigung einer end-losen Aufeinanderfolge von Details ... Ich glaube nicht, daß ihm das Wort Mittelmeer je mit der Bedeutung, die sie für uns heute hat, durch den Kopf gegangen ist, daß er die Bilder von Licht und blauem Wasser, die wir uns gewöhnlich ausmalen, je vor Augen gehabt hat.«

Braudel läßt die Behutsamkeit und Akribie, die seiner Ecole so teuer sind, ein einziges Mal außer acht und entdeckt so, was dem König »durch den Kopf gegangen« ist! Mit hellseherischer Gabe spürt er sogar das auf, was in diesem Kopf eben nicht an-zutreffen ist: eine Dissertation über das Mittelmeer, die mit dem Todeskampf des Königs endet. Die Seltsamkeit unterstreicht die Symbolkraft der Szene. Die Dissertation entthront die Monar-chen, das Mittelmeer erweist sich als wahrer als das Königreich, seine Feldzüge und Palaver zusammen. Das Wellengekräusel der Chronik setzt sich nicht bis in die ökonomischen und kultu-rellen Tiefen fort, die das Mittelmeer verkörpert, tut so der Ewigkeit *der* Kultur keinen Abbruch. Und einmal mehr ermes-sen wir »die Kluft zwischen der biographischen Geschichte und der Geschichte von Strukturen und noch mehr von Räumen«. Für den Krieg ist in der Betrachtung kein Platz.

Die kryptische Botschaft, die Braudel an den verstorbenen Kö-nig richtet, verbreitet zur selben Zeit Jean-Paul Sartre mit größe-rer Deutlichkeit: Machen wir uns nichts vor, alles menschliche Tun ist gleichbedeutend, alles ist zum Scheitern verurteilt. Somit auch der Krieg, der keine Rolle mehr spielt. Da die höchsten Au-toritäten in Literatur und Geisteswissenschaften gemeinsam be-strebt sind, die Geister zu beschwichtigen, muß ein sonderbarer Spaßvogel sein, der da einwendet: »Eine gewisse Illusion könnte glauben machen, daß die Rolle der Soldaten, so bedeutend sie in der Vergangenheit war, im Verschwinden begriffen ist und daß das Universum der Gegenwart schließlich ohne sie auskommt. Eine solche Annahme, die in einer Generation verbreitet ist, de-ren politisches, soziales, wirtschaftliches und moralisches Schicksal doch gerade von Kanonenschüssen bestimmt wurde, ist an sich recht seltsam. Dennoch gefällt sie den Massen.«

Einsam erfaßt de Gaulle, daß der sich abzeichnende Zustand in einen Zusammenbruch führt, der die Welt seit 1914 und bis heute erschüttert. Der Krieg ist »seinem Wesen nach zerstörerisch«, er hat nicht die balsamischen Kräfte der magischen Lanze, heilt nicht die Wunden, die er schlägt. Es gibt keine Sicherheit dafür, daß die modernen Zeiten, die ein phantastisches Vernichtungspotential angehäuft haben, die über allem schwebende Gefahr des Untergangs auf sich nehmen, sie kontrollieren und auf sich wirken lassen.

Mit der Atomwaffe kristallisiert sich die Bedrohung später heraus: »Ich frage mich, ob sich die Mühe für irgend etwas jetzt noch lohnt«, seufzt der General nach Hiroshima. Auf dumpfe Weise beschäftigt ihn diese Frage bereits seit dem Großen Krieg, als der Mensch und die Gewalt mit vernichtender Wirkung in ein neues Verhältnis zueinander getreten sind. »Herausragende Männer« – Tirpitz, Ludendorff – führten an der Spitze des deutschen Generalstabs einen siegreichen Guerilla-Krieg gegen ihre Regierung (an deren Spitze lange Kanzler Bethmann Hollweg stand), sie verbaten ihr jede Verhandlungslösung (kein »offener Frieden im Westen«) und setzten schließlich ihren totalen Krieg durch, der zum Eingreifen der Vereinigten Staaten und zu ihrer Niederlage führte.

De Gaulles Schrift *La Discorde chez l'Ennemi* nimmt sich »die charakteristische Vorliebe für maßlose Unternehmungen« vor, »die Leidenschaft, mit der sie ihre persönliche Macht um jeden Preis ausweiten wollen, und die Verachtung der Grenzen, die durch die menschliche Erfahrung, den gesunden Menschenverstand und das Gesetz vorgegeben sind«. Solcherlei Fehler sind nicht einfach nur Charakterzüge, sie verraten nicht nur Kastendenken. Sie bringen vielmehr auch eine »Philosophie des Krieges« zum Ausdruck, die »vor dem menschlichen Leiden nur innehält, um es als notwendig und wünschenswert zu begrüßen«.

Der deutsche Generalstab steht hier nicht als Kriegshetzer am Pranger. Wer hat angefangen? Wer hat die Feindseligkeiten vorbereitet? Auch wenn diese Frage die kulturellen, diplomatischen und sogar wissenschaftlichen Beziehungen zwischen Frankreich und Deutschland über Jahrzehnte hinweg vergiftet, bleibt sie doch in de Gaulles Betrachtungen vollständig ausgeklammert. Der Krieg, so meint er, ist älter als die »Ursachen«, die wohlmeinende Geister ihm zuschreiben. Er fragt nicht, warum der Konflikt ausbricht, sondern macht sich nach Art von Clausewitz Gedanken über seinen Verlauf und über die Hitze, mit der er bis zum Äußersten eskaliert.

De Gaulle hat für die allgemein verbreitete Naivität, den Frieden für »normal« und die Kriegswut für »anormal« oder entartet zu halten, wenig übrig und vermeidet eine Aufzählung der Gründe für nicht vernunftgemäßes Handeln. Das eintönige Herunterbeten der »Ursachen« einmal beiSeite gelassen, bleibt der qualitative Sprung, mit dem sich eine Konfrontation, die als zeitlich und räumlich beschränkt geplant war, explosionsartig zu einem weltumspannenden, selbstmörderischen Krieg ausweitet. Eine präzise Antwort auf eine begrenzte Frage. Der General engt seine Untersuchung auf die Dynamik der Eskalation ein und legt das Prinzip offen, nach dem Gewalt in unserer Zeit sich ungehindert entfesselt.

Mit streng Clausewitzschem Blick wird ein Stand der Dinge ausgemacht, der sich unterdessen schon verändert hat. Indem er sich der Kontrolle durch Kaiser, Parlament und Regierung entzieht, führt der Generalstab der bedeutendsten Armee der Welt, ohne daß ihm das bewußt wird, radikale Neuerungen ein. Er glaubt, er verschaffe sich nur die Mittel für eine andere Politik, die er für gerechtfertigt hält, stürzt aber tatsächlich die klassische und Clausewitzsche Hierarchie um, die das militärische Ziel dem politischen Zweck unterordnet. Der totale Krieg ist nicht mehr die Fortsetzung der Politik mit anderen Mitteln, er verschließt sich vielmehr in sich selbst. Er macht sich zum Richter über Mittel und Zwecke, verselbständigt sich und emanzipiert sich von den napoleonischen Utopien, wonach eine große Politik große Kriegsmittel erfordert, damit in der Entscheidungsschlacht das ideologische und politische Ungestüm mit dem militärischen Radikalismus zur Deckung gebracht werden kann.

Die alte Einheit von Politik und Strategie ist verschwunden, den deutschen Generalstab schweißt keine übergeordnete Logik mehr zusammen. Einige Stabschefs blicken gebannt auf die Ostfront, andere setzen im Westen alles auf eine Karte. Und ähnliche Differenzen wirken sich auf die Beziehungen zum österreichischen Verbündeten aus. Die Militärchefs reißen sich um die Befugnisse, die mit der Unabhängigkeit von der politischen Gewalt oder gegen sie errungen wurden, errichten rivalisierend strategische Mini-Königreiche, die ihrer jeweiligen Willkür unterworfen sind. Der Generalstab macht sich die Politik nicht untertan, er sagt sich von ihr los. Er setzt keine Logik durch, sondern huldigt einer Ästhetik. Wie andere *l'art pour l'art* betreibt er den Krieg um des Krieges willen. Die Kriegshandlung ist zum Selbstzweck geworden. Kalkül und politische Mobilmachung treten von der Bühne ab, jetzt wird gewonnen (Anfang 1918: Siegesrausch) und verloren (Ende 1918: Zusammenbruch der Moral).

Der Titel von de Gaulles Schrift *La Discorde chez l'Ennemi* (Die Zwietracht beim Feinde) ist ironisch gemeint. Er bezeichnet im Negativen, durch Paralipse, das Auftauchen einer Kraft, an die man nicht gedacht hat. Die Ironie haftet der Sache an, in der Zwietracht drückt sich auf unübliche Weise die Verselbständigung eines Generalstabs aus, der die alte Strategie von Verteidigung und Angriff für überholt erklärt. Die traditionelle Durchdringung von politischen Plänen und Operationen vor Ort wird durchbrochen, der Krieger wird Herr vor Gott, sein Handeln macht sich frei von aller prästabilisierten Kontinuität. Man wirft dem Militaristen vor, er stelle das Clausewitzsche Prinzip auf den Kopf und zwinge die Politik, den Krieg »fortzusetzen«. In der Tat regelt die Zwietracht die Beziehungen innerhalb des Generalstabs ebenso wie das Verhältnis zu den äußeren Autoritäten. Sie hat mehr eine Eliminierung der Politik als ihre Unterwerfung zur Folge. De Gaulle, der seine Klassiker kennt, weiß sehr wohl, daß die polemische Kraft, dieser Polemos, den der alte Heraklit als »Vater aller Dinge« feiert, je nach Übersetzung mit den Worten Krieg, Streit oder Zwietracht wiedergegeben werden kann.

In seinen Augen läßt sich der »totale Krieg«, den die deutschen Militärs einführen und der ihren Untergang besiegelt, nicht auf einen einfachen Fehler, eine militaristische Entgleisung oder die kleinliche Schwäche allzu eifriger und schlecht informierter Offiziere reduzieren. Ebensowenig kann man darin eine typisch deutsche Torheit sehen, und de Gaulle unterstreicht bewußt, wie sehr er einem Teil von Deutschland widerstrebt. Es geht ihm um etwas Ernsteres, etwas für die Zukunft Entscheidendes. Mit feinen Pinselstrichen malt er das Phantombild eines nie dagewesenen Wahns, einer Post-Clausewitzschen Hybris und einer neuen Art von Kriegsführung. Kein einfacher Betriebsunfall, sondern der Triumph einer unausgesprochenen »Philosophie des Krieges«.

Nietzsche, auf den er anspielt, prophezeite, das 20. Jahrhundert werde das der Kriege sein. Er sah etwas Richtiges, sah die Kriege als etwas Grandioses, von philosophischen Prinzipien Getriebenes voraus. Hier allerdings beflügelte ihn ein Übermaß an Optimismus. Die Kriege, die sich mit 1914–1918 ankündigen, sind den Maximen einer philosophischen Lehre ebensowenig unterworfen wie den Plänen einer Politik. Der heimliche Krieg, der von jetzt an seiner eigenen Philosophie gehorcht, respektiert keine anderen Gesetze als die der ihm innewohnenden Gewalt. »Philosophie des Krieges«? Gewiß. Vorausgesetzt, hinter den lauthals vorgetragenen und ostentativ bekundeten Katechismen, die zu Unrecht und fälschlicherweise mobilisieren, kommt ein Krieg zum Vorschein, der sich um sie nicht schert, einen Narren aus ihnen macht und eigenständig philosophiert. Auch will de Gaulle durchaus nicht trügerische Ideen und blutrünstige Ideologien aufs Korn nehmen, sondern eine Art, Kämpfe auszutragen, die nicht die Privatsache ihrer Urheber bleiben, zumindest nicht lange.

Um die sowjetische Diktatur zu organisieren, beruft sich Lenin auf den »deutschen Kapitalismus«, der Deutschland angeblich von 1916 bis 1918 mobilisiert habe. Er bezieht sich auf Ludendorff, der in den Zwanziger Jahren sein etwas konfuses Handeln im Krieg rationalisiert und dem Konzept des »totalen Krieges« den letzten Schliff gegeben hat. Hitler ließ sich davon anregen. Stalin ebenso. So ist der junge Kommandeur de Gaulle der erste französische Intellektuelle, der die Geißel, die die Erde heimsuchen sollte, *in nuce* isolierte. Mit Recht führt er die Effizienz der unter bunten Farben auftretenden Totalitarismen nicht auf die flüchtigen und wetterwendischen Ideen zurück, mit denen sie sich schmücken, sondern auf die Form ihrer Organisation: eine einzige Partei, ein monolithischer Glaube, eine autoritäre Zentralgewalt für das wirtschaftliche und soziale Leben ...

Die zeitgenössischen Diktaturen gleichen sich, mögen sie ihre Berechtigung auch aus so unterschiedlichen wie widersprüchlichen Ideologien ziehen. Auch wenn sie sich bald auf die Wissenschaft, bald auf die Religion, den Rassismus, den Internationalismus, diesen oder jenen Marxismus oder auf einen nicht weniger angreifbaren radikalen Antimarxismus berufen, ändert dies nichts an ihrer auffälligen Wesensverwandtschaft: Ihr einziges Anliegen ist der Krieg, der einzige, der richtige, der letzte, der entscheidende Krieg, die Apokalypse, die wütet, um zu erneuern, und die die gesamte Erde verbrennen würde, damit endlich das rassische, sozialistische oder himmlische Jerusalem vom Himmel herabsteige.

Es gibt nicht viele, die es wagen, in die schwarze Sonne zu schauen, die über den Massengräbern aufsteigt! Und wenn der Frieden erst unterzeichnet, der unbekannte Soldat unter die Erde gebracht oder seine Asche in alle Lüfte zerstreut ist, werden es noch weniger sein, die ahnen, daß jetzt erst alles anfängt.

IV. Der Friede wäscht weiß

Ein Kopf voller müder Kriege
und die Tode gleich dabei . . .
Samuel Beckett
(Textes pour rien)

Der Geist der Ecole des Annales triumphierte so sehr, daß er nicht mehr erkennt, was er geschaffen hat. Er hat seinen Weg gemacht, getragen von den Sehnsüchten eines ausgebluteten Frankreichs, er beherrschte die Neufassung der Schulbücher für die nächste Generation, und schließlich wurde er zur maßgeblichen Denkweise unter einem Staatschef, der das Militärische mit hirnloser Prahlerei gleichsetzte: »Um so schlimmer, wenn die Menschen sich bekämpfen; sie sollen lernen zu leben; sie sollen ihre Dummheit bis in ihren letzten Schlupfwinkel verfolgen; sie sollen so weit gebracht werden, daß sie sich angesichts ihrer Barbarei an die Brust schlagen; und da sehen wir sie, wie sie dabei sind, zum Vergnügen oder aus Ehrgeiz ihre Freiheiten zu verspielen, ihren Scharfsinn, ihre Kunstfertigkeit, ihre Fähigkeiten ... Mir geht es gut, aber nicht ganz gut, weil eine Uniform denjenigen verletzt, der das Leben liebt«, schrieb im November 1939 der Unteroffizier François Mitterrand, bevor er sich dann einem alten Marschall zuwandte, der wie er den Frieden liebte.

Seither haben es hochgebildete Experten eilig, wann immer ein Krieg ausbricht, ihn als die vorübergehende Erscheinung einer lokalen Verrücktheit abzutun. Sie verbreiten sich ausführlich über die regionalen Besonderheiten der Auseinandersetzungen und antworten sehr klug auf die dringlichen Fragen nach dem historisch-säkularen Ursprung des Gebrauchs von Messern in Bosnien, von Macheten in Ruanda, von Bomben in Algerien und der ausgesprochenen Vorliebe der russischen Armee für den Einsatz von Stalinorgeln im Kaukasus.

Die ansteckende Existenz einer allgemeinen Raserei entgeht ihnen. Jeder Ausbruch von Gewalt ist in einem eigenen Mikrokosmos und einer eigenen Vorgeschichte verwurzelt. Das stimmt zwar, reicht aber als Erklärung nicht aus.

»Diese Menschen lieben den Krieg«, philosophiert der gebildete Staatspräsident Mitterrand, als seien die mörderischen Kämpfe in Bosnien in erster Linie auf die osmanische Eroberung und den Mythos von Dracula zurückzuführen. Bei den Rechten wie bei den Linken hat die »wahre« Anekdote die Oberhand über die Analyse gewonnen, seitdem das System der Annales die blutigen Abenteuer endgültig in die Requisitenkammer verbannt hat, ins Kabinett der Banalitäten, die nur psychologisch von Interesse sind. Der eherne Grundsatz der Ecole des Annales lautet: Krieg ist eine Mentalitätsfrage. In der Vulgärversion heißt das: Krieg ist eine Geisteskrankheit. Die Reinen im Geiste sind erleichtert, und in der Ferne haben die Verrückten untereinander ihren Spaß.

Wozu ist die Geschichte gut?

Im Juni 1940, unter dem unmittelbaren Eindruck der Ereignisse, forderte Marc Bloch eine schonungslose Gewissensprüfung und verwies auf die Verantwortung seiner Kollegen in den Jahren vor der Katastrophe: »Wir wagten nicht, in der Öffentlichkeit unsere Stimmen als die ersten Rufer in der Wüste zu erheben . . . Wir zogen es vor, uns in der angsterfüllten Ruhe unserer Werkstätten zu verschließen. Mögen die Jüngeren uns das Blut vergeben können, das an unseren Händen klebt!«

Eine Kassandra wäre vonnöten gewesen und keine Jahrmarktswahrsagerin. Der Begründer der Ecole des Annales macht es sich nicht zum Vorwurf, daß er die Zukunft nicht vorausgesehen hat, er verwechselt keineswegs Geschichtswissenschaft und Astrologie. »Hätte man uns nach dem wahrscheinlichen Ausgang eines zweiten Krieges gefragt, hätten wir wohl geantwortet, daß auf einen zweiten Sieg zu hoffen sei. Freilich ohne uns darüber hinwegzutäuschen, daß in diesem neuerlichen Sturm die europäische Zivilisation für immer unterzugehen drohte.«

Sieh an! »Für immer«! Es fehlte nicht an der prophetischen Gabe, sondern schlicht am Willen, die Alarmglocke zu läuten:

»Wir hatten eine Sprache, eine Feder, ein Gehirn. Vielleicht wurden wir, Adepten der Wissenschaften vom Menschen, Gelehrte aus Laboratorien, auch vom individuellen Handeln durch eine Art von Fatalismus abgehalten, der der Ausübung unserer Fachgebiete innewohnt. Sie haben uns daran gewöhnt, in allen Dingen, in der Gesellschaft wie in der Natur, gewaltige Kräfte am Werk zu sehen, und was vermochten angesichts solcher Wellen aus den Tiefen von einer fast kosmischen Unwiderstehlichkeit die hilflosen Gesten eines Schiffbrüchigen? Das hieß, die Geschichte schlecht deuten.«

Marc Bloch wurde im Juni 1944 erschossen. Es war mir wichtig, ausführlich aus dem aufwühlenden Text zu zitieren, der so brutal durch Folter und Tod unterbrochen wurde. Schonungslose, außergewöhnliche Rückwendung auf sich selbst! Denn wenn sich schließlich die Tatenlosigkeit mit »Fatalismus« erklären läßt, muß man daraus den Schluß ziehen, daß Unbewegtheit im Angesicht der Gefahr das Unvermögen widerspiegelt, sie zu erkennen. Hinter der praktischen Sünde des Nichteingreifens der Männer der Feder schwelte der theoretische Fehler, die Fehlspekulation, die jedes Eingreifen für sinnlos befand.

Marc Bloch bedauert, daß er nicht laut und vernehmlich die Gefahren voraussagte, mit denen seine Kultur, bedroht vom Untergang »für immer«, rechnen mußte. Dazu erhob sich die Gegenstimme von Lucien Febvre, Blochs *alter ego* in der Geschichtswissenschaft, und wiederholte nach wie vor das fundamentale Dogma: Die Kulturen kommen, bekriegen sich und gehen unter, *die* Kultur bleibt.

Sorglosigkeit, Verblendung, Sprachlosigkeit: Der Bankrott der französischen Intelligenz in der Zwischenkriegszeit, vor Vichy, hat kritische Geister nicht im mindesten beunruhigt. Im Jahr 1945 bestätigte Merleau-Ponty, eine Ausnahme unter seinesgleichen, Blochs traurige Feststellung: »Wir hatten heimlich beschlossen, die Gewalt und das Unglück als Elemente der Geschichte zu ignorieren, weil wir in einem Land lebten, das zu glücklich und zu schwach war, um sie in Betracht zu ziehen ... Wir bewohnten einen bestimmten Ort des Friedens, der Lebenserfahrung und der Freiheit, der durch das Zusammentreffen außergewöhnlicher Umstände entstanden war, und wir wußten nicht, daß wir diesen Boden hätten verteidigen müssen ... Wir wußten, daß es Konzentrationslager gab, daß die Juden verfolgt wurden, aber die Gewißheiten gehörten ins Reich des Denkens. Wir lebten noch nicht in Gegenwart von Grausamkeit und Tod, wir waren noch nie vor die Wahl gestellt worden, sie hinzunehmen oder ihnen entgegenzutreten.«

Blutige Dramen jenseits der Grenzen, Seelenfrieden diesseits. Werden die Würdenträger des Jahres 2000 sich genauso verhalten wie die narkotisierte Elite in den Jahren vor 1940? Wird es unseren Politikern in Pantoffeln, die im ausgehenden Jahrhundert die Szene beherrschen, wird es unseren Taschenspielern gelingen, erfolgreich die Mini-Apokalypsen unserer Zeit wegzuzaubern, von Bosnien bis Ruanda, von Tschetschenien bis Algerien?

Marc Bloch stellt eine fundamentale Frage: Wieso hat seine Generation nicht erkannt, daß die 1914–1918 aufgetauchte Geißel erneut zuzuschlagen drohte? Mit der Exkommunizierung der großen Schlachten wurde die Größe aus dem Großen Krieg herausgeschnitten. Für die Ecole des Annales finden die gewaltsamen Konflikte im Inneren von Kulturen statt, sie werden Zeugen eines Staffellaufs, der von *der* Kultur kontrolliert wird. Die Kriegsgeißel als furchtbare Heimsuchung, wie Herodot sie beschrieb, ist ausradiert: als allmächtige und allgegenwärtige Orgie, die innerhalb jeder Kultur die Möglichkeiten verschlingt, »die« Kultur weiterzutragen. »In Friedenszeiten begraben die Söhne ihre Väter, in Kriegszeiten begraben die Väter ihre Söhne.«

Die klassischen Autoren nennen als »Geißeln« Seuchen, Hungersnöte, die immer wieder auftretenden Auseinandersetzungen zwischen Städten oder im Inneren von Städten und den Wahnsinn als individuelle oder kollektive Erscheinung. Diese Grenzsituationen haben ein Merkmal gemeinsam: Im Vordergrund steht eine so radikale Zerstörung, daß sie an die Wurzeln jeglicher Fortpflanzung im biologischen, politischen und kulturellen Sinn rührt.

Die Geißel läßt am Rande jeder Kultur das Grauen vor einer

Antikultur aufscheinen, die alle Kulturen zerschmettert. Aufs äußerste in die Enge getrieben, verschlingt sich eine Gesellschaft potentiell selbst. Hat die Ecole des Annales sich nicht, indem sie Konflikte und Vorfälle in den engen Rahmen einer auf Kleinigkeiten fixierten Ereignisgeschichte preßte und die langen Wellenbewegungen der Kulturen der wissenschaftlicheren »großen Geschichte« überließ, durch ein methodisches Vorurteil dazu verurteilt, Gefahren so weit wie möglich zu verkleinern? Hat sie nicht, möglicherweise ohne sich dessen bewußt zu sein, die Generationen, deren Gedanken sie ausdrückt und beeinflußt, eingelullt?

Vorsicht mit Dogmen! In solchen Dingen ist es heikel, die für die Forschung unerläßliche intellektuelle Unabhängigkeit zu bewahren und das richtige Maß lebensnotwendiger Verpflichtung zu übernehmen. Um etwas zu enthüllen, muß man Einwände ertragen, um zu handeln, muß man sich entschließen, sie zu überwinden, um voranzukommen, braucht man zwei Beine und muß bereit sein zu riskieren, daß man strauchelt. Nichts leichter als sich bei der Erinnerung daran zu empören, wie Fernand Braudel als Gefangener in Nazi-Deutschland seine Gedanken, wenn schon nicht seine Augen, von Hitler ab- und Philipp II. zuwendet: »Bei diesen ›Ereignissen‹, die Braudel ›auf Distanz halten, beiSeite wischen, verleugnen‹ wollte, handelte es sich um nicht weniger als einen der zerstörerischsten Kriege der modernen Geschichte und eine der größten Katastrophen aller Zeiten, den Holocaust, beides hervorgerufen nicht etwa durch langfristig wirkende historische Kräfte, sondern durch Einzelmenschen, die gewiß das Attribut ›Held des Bösen‹ verdienten. Als besonders außergewöhnlich kommt noch hinzu, daß er während seiner Gefangenschaft dieses Böse persönlich, existentiell erfuhr und daraus die Gewißheit zog, daß solche Einzelmenschen und Einzelereignisse für die Geschichte insgesamt ohne Bedeutung seien. Der Holocaust, ein Epiphänomen . . . Dem Verstand schwindelt.«

Auf die Gefahr hin, daß wir uns leichtfertig entrüsten und empören, zählen wir die Vorwürfe auf:

1. Braudel wird für schuldig befunden, das entscheidende Er-

eignis des Jahrhunderts vollkommen zu unterschätzen, während er doch buchstäblich mittendrin steckt. Seit 1945 befaßt sich kaum ein Forscher auf der Welt, einige wenige Spezialisten ausgenommen, damit. Zwar haben sie, die Spätgeborenen, es nicht mehr erlebt, aber dafür verfügen sie über Mittel und Informationen, die dem Historiker im Lager vorenthalten blieben.

Warum einen Stein auf ihn werfen? Warum sollte der Gefangene weiter denken als bis zum Stacheldraht? Niemand ist vom wissenschaftlichen Standpunkt her gezwungen, das Gebiet zu erforschen, in dem er lebt, oder auch nur die Krankheit, an der er leidet. Wenn dem so wäre, dann gute Nacht Geographie, gute Nacht Medizin!

2. Solche »Einzelereignisse«, bei denen der Historiker sein Leben aufs Spiel setzt, sind in seinen Augen angeblich »ohne Bedeutung« ... Er kann auf unschuldig plädieren. Aktuelles Geschehen ist auf den ersten Blick weder verständlich noch bedeutungslos, sondern auf andere Weise bedeutungsvoll. Warum sonst würde jeder Historiker, der diese Bezeichnung verdient, sich so verbissen bemühen, hinter den Augenschein zu blicken?

Gefangen im Feindesland schreibt Braudel an seinem Buch. Kein Einwand dagegen, ein Zeichen großartiger, eines Stoikers würdiger Freiheit, ein Skandal mit umgekehrten Vorzeichen. Keine billige Verurteilung. Es bleibt ein Fragezeichen, das der Historiker mit einem Humor einführt, der den Kritikern fremd bleibt: Die Ereignisse, die er bestrebt ist auf Distanz zu halten, beiSeite zu wischen, zu verleugnen sind vor allem »entmutigende« Ereignisse.

Sieh an! Seit wann tröstet die Geschichte? Ist die Ecole des Annales etwa insgeheim eine Apothekerin, die Salben, Heilpflanzen, Beruhigungsmittel und Aphrodisiaka verkauft? Würde sie einräumen, daß sie aus dem Wunsch entstanden ist, vor allem und allen die geistigen Wunden zu heilen, die 1914 aufgebrochen sind?

Sollte sie es sich zur Aufgabe gemacht haben, zwar nicht das Vorhandensein und auch nicht die Bedeutung, aber doch die »entmutigende« Qualität zu leugnen, die bestimmten menschlichen Erlebnissen eigen ist? Den großen Schlachten zum Beispiel? Sollte es darum gehen, dem Krieg willkürlich einen Sinn zu geben, den er geradeheraus niemals an den Tag legen würde, um die Menschheit zu stärken? Gefragt sind die Kunstfertigkeit und Geschicklichkeit eines Sartreschen Helden, der empfiehlt, Stalins Verbrechen zu verschleiern, um Billancourt nicht zu enttäuschen.

Die Waffen ins Museum!

Clausewitz' Blick gegen den Hegelschen Blick. Jeder ist der böse Blick des anderen. Beide sind nicht mit Anekdoten abzutun. Unabhängig davon, um welche Schlacht es sich handelt und welche Offiziere sie schlagen, spürt de Gaulle den Krieg in seiner neuen Grellheit auf. Braudel nimmt die zivilisatorische Macht wahr, die den Konflikten, die sie strukturiert, innewohnt und sie übersteigt. In beiden Fällen gerät man auf das Terrain wortreicher Streitereien um Nebensächlichkeiten. De Gaulle folgt Clausewitz in der Methode, nicht im Dogma, und hebt hervor, daß eine fundamentale Gewaltsamkeit in unterschiedlicher Gestalt zutage tritt. Implizit hegelianisch, mehr durch mittelbare Einwirkung denn durch direkten Kontakt, postuliert Braudel, daß die Zwietracht einen Sinn enthalte, der sie von ferne, außer Reichweite, beherrsche.

Natürlich, merkt Hegel an, »kommt durch den Krieg Unsicherheit ins Eigentum«. Der Krieg nährt die Redseligkeit der Scheinheiligen, die von ihrer Kanzel herab die Nichtigkeit und Vergänglichkeit der irdischen Fesseln predigen. »Kommt nun aber diese Unsicherheit in Form von Husaren mit blanken Säbeln wirklich zur Sprache und ist es ernst damit, dann wendet sich jene gerührte Erbaulichkeit, die alles vorhersagte, dazu, Flüche über die Eroberer auszusprechen. Trotzdem aber finden Kriege, wo sie in der Natur der Sache liegen, statt; die Saaten schießen wieder auf, und das Gerede verstummt vor den ernsten Wiederholungen der Geschichte.« Zwietracht bringt Eintracht hervor, und die Geschichte schreitet voran.

Wer Ruinen sät, erntet Kultur! Die Negativität, die etwas

Vorübergehendes sein soll, bringt angeblich die Ordnung hervor, die sie überlebt! Derart euphorische Zukunftsbilder führen in die Philosophie-Fiktion, solange nicht die Arbeiten gründlicher, methodischer Historiker an die Stelle der Spekulation eines großen alten deutschen Denkers, dessen 200. Geburtstag den Spezialisten für Gedenkfeiern entgangen ist, getreten sind und sie stützen. Das beachtliche Werk von Fernand Braudel läuft, ohne daß ihm das bewußt ist, auf eine empirische Bestätigung der Thesen Hegels hinaus. Aus allem gegenseitigen Abschlachten hört es einen Dialog heraus; unter dem aufdringlichen Anschein der ewigen Kämpfe auf Leben und Tod erkennt es die konkreten Dinge, die auf dem Spiel stehen, und die tatsächlichen Grenzen, die kriegslüsterne Regungen dämpfen: »Jede Epoche erzeugt *ihren* Krieg und sogar *ihre* Kriege.«

Bewaffnete Auseinandersetzungen und Blutbäder passieren nicht zufällig, sie kommen im richtigen Augenblick, sie sind ein Ergebnis der langen Wellen der »materiellen Konjunktur«, denn, so Braudel, der moderne Krieg ist in dreifacher Hinsicht ein Kind seiner Zeit.

1. Jeder Konflikt, so erbittert er auch sein mag, spielt sich in einem geopolitischen Rahmen ab, dessen Zwänge er nicht schafft, sondern denen er unterliegt. So scheiterten in der nachrömischen Zeit alle Versuche ausnahmslos kläglich, ein einiges großes Reich zu begründen, später alle Anläufe zu einer »Universalmonarchie«, von Karl V. bis zu Philipp II. Seit dem Mittelalter spielt Europa ein »internationales Konzert«, das keine Militärmacht dauerhaft dirigieren konnte. Das berühmte Gleichgewicht auf dem Kontinent war Ausdruck der vielpoligen Synchronizität eines kulturell und ökonomisch kohärenten Raumes; Fernand Braudel taufte ihn »Wirtschaftswelt« oder »Kultur«. Die Konkurrenz der Staaten, deren Ansprüche durch den Zusammenprall unterschiedlicher Interessen in Schach gehalten werden, ist »eine Art politisches Abbild« der Spannungen, die diese Wirtschaftswelt ausmachen.

Tausend Jahre Invasionen, Bevölkerungsverschiebungen und Grenzverlagerungen, die sich nicht überwinden lassen, drückten der ursprünglichen Matrix ihren Stempel auf. Geographisch teilt sich der alte Kontinent in seine Pforte nach Norden, das Baltikum, und sein Tor nach Süden, das Mittelmeer. Zugleich ist er in eine Vielzahl unabhängiger Städte aufgelöst, die miteinander in Zwietracht geraten und die selbst von Zwietracht zerrissen sind. »Der Klassenkampf flammt sehr früh da oder dort auf, und er verlischt nur, um erneut aufzuflammen.« Zum Ausdruck einer Kultur hochstilisiert, »wird der Krieg allerdings – das ist aber auch alles – nicht zur Gegenkultur«. Er ist der Schaum, nur der Schaum, so blutig er auch sein mag, der Geschichte.

2. Die jeder geographischen Einheit eigenen Gepflogenheiten beim Kämpfen werden im Kampf von der einen auf die andere übertragen. Weit entfernt, als abgeschlossene Festungen zu existieren, die sich gegenseitig den Rücken zukehren, treten die Wirtschaftswelten miteinander in Kontakt, und oft ist der Kontakt eine Kollision. Einmischungen und Verletzungen, so grausam sie sich auch ausnehmen, bringen Kenntnisse und Fertigkeiten. Jede am Kampf beteiligte Einheit lernt von den anderen, wie effektiver getötet werden kann.

Die Strategien und Waffen, die Europa erfunden hat, bleiben nicht für alle Ewigkeit Europas Privatbesitz. »Wenn der Islam den Kontakt sucht, zur Not selbst den verzweifelten Kontakt über einen harten Kampf, dann heißt das in Wahrheit, daß er im Gespräch ist oder ein Gespräch erzwingen will, daß er darauf angewiesen ist, am überlegenen technischen Stand seines Gegners teilzuhaben. Sonst kann er nämlich mit Asien nicht das gleiche Spiel spielen wie das Christentum mit ihm.« Nachdem die Türken unter großen Verlusten ihrerseits die militärischen Erfindungen der Venetianer und Spanier kennengelernt hatten, standen sie nicht an, sie zu übernehmen, um sie gegen Persien einzusetzen.

Eine Intervention kommt nie allein, mit der Galeone wie mit der Kalaschnikow gelangen immer auch Denkweisen ins Land. Die Gepflogenheiten des Tötens implizieren *ipso facto* eine neue Art des Überlebens. Auf diese Weise ist der Krieg Träger der Kultur.

3. Die Gestalt, welche die Konflikte der modernen Zeit angenommen haben, ist nicht die VorderSeite einer Entwicklung,

deren RückSeite der Historiker entziffert. Seit dem 16. Jahrhundert, als Europa sich dem Atlantik zuwandte und Amerika entdeckte, ist das Mittelmeer aus der großen Geschichte ausgeschieden. Am 7. Oktober 1571 wurde in Lepanto seine letzte große Schlacht geschlagen. Die Kriegsoptionen schienen festgelegt, bestimmt von einer vorausgehenden, wichtigeren Entscheidung für eine Gesellschaftsform. Indem das moderne Europa auf revolutionäre Weise und ohne den Gedanken an eine Umkehr die Werkzeuge dessen erfand, was später »Fortschritt« genannt wurde – Staat-Kapital-Arbeit –, globalisierte es sein Terrain und seinen Einfluß, lange bevor es sogenannte Weltkriege auslöste.

Alles entschied sich angeblich im Laufe der »großartigen Kulturrevolutionen« der Renaissance und der Reformation. Damals habe sich Europa, und zwar definitiv, für die »materielle Kultur« und gegen militärisches Abenteurertum entschieden, es habe die städtischen Freiheiten durch Beschränkung der Hegemonie der Staaten gerettet und einen Lebensstil erfunden, der sich bewußt als das genaue Gegenteil zum Krieg durchsetzte.

»Weder Spanien unter Karl V. oder Philipp II. noch Frankreich unter Ludwig XIV., das eine imperiale Macht sein will, gelingt es, die alte Einheit der Christenheit wiederherzustellen und einen Vorteil daraus zu ziehen. Für diese Einheit ist die ›Universalmonarchie‹ ein Hut, der eindeutig nicht mehr paßt. Jeder Versuch scheitert, einer nach dem anderen. Vielleicht steckt hinter diesen protzigen politischen Zurschaustellungen ein zu altes Spiel? Die Stunde der wirtschaftlichen Prioritäten ist gekommen, deren diskrete Realität den Blicken der Zeitgenossen noch entgeht. Was Karl V. nicht gelingt – sich Europas zu bemächtigen –, erreicht Antwerpen ohne weiteres. Wo Ludwig XIV. scheitert, triumphiert das kleine Holland: Holland ist das Herz des Universums. Bei der Wahl zwischen dem alten und dem neuen Spiel entscheidet sich Europa für letzteres, oder vielmehr zwingt letzteres sich ihm auf. Im Gegensatz dazu spielt der Rest der Welt immer noch mit den alten Karten: Das Reich der osmanischen Türken, aufgestiegen aus den Tiefen der Geschichte, ist eine Wiederholung des Seldschukenreichs; der

Großmogul richtet sich mit den Hinterlassenschaften des Sultanats von Delhi ein; das Mandschu-Reich in China ist eine Fortsetzung der Ming-Dynastie, die es brutal beseitigt hat. Nur Europa schafft in der Politik (und nicht nur dort) etwas Neues.«

Der Krieg ist aus der Mode gekommen! Der Krieg ist zum alten Spiel geworden! Überholt, verschwunden! Seit wann? Erfolgte die Offenbarung direkt nach Verdun, an dem Tag, als die im Entstehen begriffene Ecole die Geschichte der Schlachten für beendet erklärte? Oder fand sie vier Jahrhunderte zuvor statt, als sich das »neue Spiel« der wirtschaftlichen Prioritäten aufdrängte? Es handelt sich nicht um eine Alternative, sondern um einen hermeneutischen Zirkel: Die epistemologische Revolution bekräftigt im 20. Jahrhundert die glorreichen »Kulturrevolutionen« des 16. Jahrhunderts.

Die Eule der Minerva, so Hegels ständige Rede, erhebt sich erst, wenn es Nacht geworden ist, das wissenschaftliche Gewissen entrealisiert das Waffengetöse mit fast einem halben Jahrtausend Verspätung auf die Realität des »neuen Spiels« (welches trotz allem die gewaltsamen Zerstreuungen des alten Spiels fortsetzt). Gebe Gott, daß das allgemeine Gewissen, erleuchtet von der Ecole des Annales, bereit sein möge, die Frieden stiftenden Beschlüsse der Wissenschaft dem Lauf der Dinge und dem Fleisch der Menschen einzuprägen. Dann wäre alles nur noch Ordnung und Wollust, Luxus, Ruhe und Heiterkeit . . .

Unter dem Vorwand, mit der zur Karikatur reduzierten Schlachtengeschichte brechen zu wollen, vermischt Braudel zwei Arten von Argumenten. Zum einen hebt er hervor, und das liegt auf der Hand, daß jeder Konflikt die Sitten und Gebräuche seiner Zeit zum Ausdruck bringt. Dann wieder sagt er, und das ist eine problematische, ungerechtfertigte Hypothese, daß dieser Kontext im Gegensatz zum alten kriegerischen Spiel stehe. Die »materielle Kultur«, Tiefenschicht der allgemeinen Geschichte und besondere Vorliebe des modernen Europa, ist wie ein verzauberndes Sesam-Öffne-Dich, das zwischen Zeiten des Friedens und Zeiten des Krieges bald eine fest verankerte Bindung vortäuscht, bald einen Ausweisungsbeschluß.

Die Forschung verlangt die Unterscheidung zwischen dem

Zufälligen und dem Beständigen, zwischen Episode und Dauer. Nichts jedoch rechtfertigt, unter dem Deckmantel der methodischen Strenge eine unschuldige Trennung einzuführen, die das Verhältnis zum Krieg auf den kurzen Zeitraum beschränkt und dem Frieden das Privileg der langen Dauer zuteil werden läßt. Wenn Braudel behauptet, für die europäische Menschheit sei die entscheidende glückliche Wendung zu Beginn der Neuzeit gekommen, widerspricht er sich selbst. Entweder besitzt die Doktrin der Ecole des Annales überall und zu allen Zeiten Gültigkeit, weil der lange Friede der Geschichte den kurzen Konfliktintervallen ihren Rhythmus gab. Oder aber solche Unterordnungen gewinnen an einem bestimmten Punkt im Laufe unserer Geschichte Gültigkeit und, weit entfernt, sie zu strukturieren, werden sie von ihr getragen. Die Annales eine Frucht der Geschichte? Die Geschichte eine Frucht der Annales? Man muß wählen: Im ersten Fall stammt die Geschichte aus dem 16. Jahrhundert. Im zweiten Fall wird sie *sub specie aeternitatis* gedacht.

Es bleibt noch die Hypothese, die Braudel am wenigsten entspricht, aber am wahrscheinlichsten ist: Die Dualität lang-kurz und das Gegensatzpaar Frieden-Krieg decken sich ganz und gar nicht. Unsere Beziehung zum Krieg ist nicht kürzer als die zum Frieden. Konkrete historische Analysen wie Braudels Untersuchung über die Vorreiterrolle der italienischen Städte zeigen, daß wirtschaftliche Autonomie und militärische Unabhängigkeit bei den europäischen Stadtstaaten in entscheidender Weise zusammenfielen, daß beide sich parallel entwickelten und keine einseitige Unterordnung bestand.

Die Verwestlichung des Planeten wiederum wird durch die Ausbreitung von Werkzeugen zur Zerstörung mindestens ebenso befördert wie von der Verbreitung von Produktionsmitteln. Den großen Historikern wird es vielleicht nicht gefallen, aber Frieden und Krieg kommen im Gleichschritt daher, und man kann nicht den einen auf Oberflächenerscheinungen reduzieren und zugleich dem anderen die tiefen Wahrheiten zusprechen. Voltaire, auf den sie sich so gerne beziehen, sollte ihnen ins Gedächtnis rufen, »daß die Menschen genauso geschickt beim Zerstören sind wie beim Aufbauen«.

Die Waffen des Fortschritts
und der Fortschritt der Waffen

Genaugenommen schwankte Voltaire. Die ein wenig schwärmerische Hypothese von Hegel und Braudel war ihm zunächst nicht fremd. Gern beschrieb er den unter der Oberfläche stattfindenden Fortschritt des gesitteten Umgangs: »Die Handwerker und Händler, die ihre unbedeutende Existenz vor der ehrgeizigen Raserei der Großen schützt, sind Ameisen, die sich in aller Stille ihre Behausung bauen, während die Adler und die Geier sich zerreißen.« Aber ein schon an Clausewitz gemahnender Scharfblick dämpfte die optimistischen Anwandlungen: »Wenn wir die Weltgeschichte durchwandern, sehen wir, daß Schwachheiten bestraft werden, aber die großen Verbrechen gelingen, und das Universum ist ein großes Räuberschauspiel, dem Schicksal überlassen.« Soll man auf den ermutigenden Fortschritt setzen oder auf das entmutigende Schicksal?

Angesichts des Dilemmas, das die Überlebenden von Verdun erneut aufwerfen, greift der Philosoph des 18. Jahrhunderts nicht zu den heiligen Ölen der Annales, verwandelt nicht das grausame »Schicksal« in beruhigende Vorsehung, kauft nicht die Härte des Augenblicks durch die überirdischen Freuden der »materiellen Kultur« los. Er hat nur Unrecht damit, ein europäisches Gleichgewicht zu etwas Ewigem zu läutern, das Grausamkeit gegen Grausamkeit stellt und den Krieg durch den Krieg aufhebt, weil die Militärmächte sich gegenseitig in Schach halten: »Kein großes Königreich hat ein anderes unterwerfen können . . . Was hat also das Blut so vieler Millionen Menschen und die Verwüstung so vieler Städte bewirkt? Nichts Großes, nichts Beachtliches. Nahezu die gesamte Geschichte ist somit eine lange Abfolge sinnloser Greuel.«

Voltaire, Montesquieu, aber auch noch Clausewitz und das gesamte Europa bis 1914 stellen sich das Gleichgewicht der Mächte als ein militärisches Gleichgewicht vor. Die Mächte sind durch ihre Aufrüstung und durch ihre Bündnisse stark genug, daß sie sich gegenseitig in Schach halten können, und so ergibt sich der *status quo v*on selbst. Ein Staat, der sicher ist, daß er einem Angriff standhalten kann, aber nicht genau weiß, ob es ihm Vorteile bringen würde, wenn er selbst der Aggressor wäre, neigt zum Frieden, und sei es auch nur vorübergehend. Der strategische Vorteil der Defensive, dessen Funktionsweise Clausewitz beschrieben hat, blockt mögliche Eskalationen ab; und nach wie vor waren sie ein Grund zur Beunruhigung, man braucht nur an den Rüstungswettlauf und das gegenseitige Mißtrauen zu denken.

Die modernen Historiker definieren das europäische Gleichgewicht nicht mehr im Rahmen militärischer Begriffe. Ökonomische Bedingungen und Lebensgewohnheiten sind für sie die heimlichen Drahtzieher, und denen, die für Wohlergehen und Fortschritt verantwortlich sind, kommt die Aufgabe zu nachzuweisen, daß Grausamkeit nichts bringt. Aufgabe des Historikers ist es zudem zu postulieren, daß von der Renaissance an die ökumenischen Tendenzen eines gemeinsamen liebenswerten Glaubens es bewirken, daß die Gesamtheit der kontinentalen Staaten in erster Linie um Wohlergehen und Fortschritt besorgt ist. So gesehen, spiegelt das europäische Gleichgewicht die vermeintlich prästabilisierte Harmonie der Verhaltensweisen und Ideen wider. Die genaue strategische Abwägung der Kräfteverhältnisse wird damit zweitrangig, überflüssig. Der Frieden hängt nicht mehr davon ab, daß sich Armeen gegenüberstehen, er wird dadurch erhalten, daß die Mächte sich des Primats der Einheit gegenüber der Spaltung, des Dialogs gegenüber der Zwietracht bewußt werden.

Geradeheraus gesagt hängt der Friede also am Faden einer rhetorischen Überzeugungskraft, die alle für den Frieden gewinnen soll. Dies setzt wiederum voraus, daß das Vertrauen die Oberhand über das Mißtrauen gewinnt. Der Wille zum Frieden vergiftet sich, wenn er sich unter den Schutz beliebiger Glaubensbekenntnisse stellt, religiöser oder laizistischer, wissenschaftlicher oder mystischer, historischer oder literarischer, akademischer oder populärer.

In der Zeit nach dem Großen Krieg war die militärische Lage destabilisiert. Das quälende »Rheinproblem«, das die französischen Verantwortlichen in Alarm versetzte, spiegelte nicht nur die Böswilligkeit des Siegers und dessen unverbesserlichen Chauvinismus wider. Der alliierte Durchbruch 1918 und der Fall des deutschen Reiches zeigten, daß ein numerisches und materielles Übergewicht die Chance für eine entscheidende Offensive eröffnet. Zwei gut informierte Beobachter, Foch und Bainville, erkannten sehr rasch, daß die letzten Salven des Krieges 1914–1918 die Möglichkeit eines Blitzkriegs eröffneten. In ihren Augen bedeuteten Stellungskrieg und Schützengräben keineswegs das Ende dessen, worauf eine moderne Kriegsstrategie zielte. »Ob Paris da oder dort lag, war für einen Karolinger gleichgültig. Ein Kapetinger machte sich schon mehr Gedanken darüber. Ein Valois dachte ununterbrochen daran. Ein Bourbone konnte den Gedanken nicht ertragen. Im 19. Jahrhundert war Frankreich ganz davon bestimmt. Was für eine Rolle spielte das im Großen Krieg? Und wie wird es morgen sein? Von Paris bis ins Ausland sind es nicht einmal zweihundert Kilometer, sechs Tage Fußmarsch, drei Stunden mit dem Auto, eine Stunde mit dem Flugzeug. Eine einzige Niederlage an der Quelle der Oise, und schon liegt der Louvre in Reichweite der Kanonen. Wie also kann man die Rolle von Paris anders definieren als mit Valéry – ›unermeßlich‹, ›einzigartig‹? Diese Agglomeration mit einem Radius von nicht einmal drei Lieue beherrscht die Existenz der Nation. Einer von sieben Franzosen lebt dort, und die sechs anderen sind davon abhängig, was dort gedacht und getan wird.«

Der Zusammenbruch Deutschlands gibt eine Vorahnung von der »Umkehr der Verletzbarkeiten«, über welche die Atomwaffenspezialisten allzu spät nachzudenken begannen. Schon eine ganze Zeit vor dem Auftauchen der Fetischwaffe litt »das Hinterland« zunehmend unter Bombenangriffen aus der Luft und unter Panzervorstößen. Die Front war keine Grenze mehr, das Vaterland lag bloß, der Feind mußte nicht mehr das Militär vernichten, um die Zivilbevölkerung zu treffen. Guernica, der Einmarsch in Polen, die Invasion im Juni 1940 sind Beispiele für den neuen Verlust der Unverwundbarkeit, den einige Analytiker, darunter de Gaulle, bereits angekündigt hatten. Die europäische Elite zog es hingegen mehrheitlich vor, ihren Blick zu verhüllen, denn um der technischen Veränderung Rechnung zu tragen, hätte es einer Revolution in den Köpfen bedurft.

Die Unmöglichkeit, das eigene Land zu schützen (indem man unverhofften Angriff durch Verteidigung aus der Tiefe die Spitze nimmt), läutet das Ende des traditionellen Gleichgewichts ein. In unseren Tagen ist die Gewalt grausamer, da ihre Brutalität sich als weit weniger »nutzlos« erweist als zur Zeit Voltaires. Schon vor Hiroshima brachte das dank des Fortschritts in Wissenschaft und Technik zur Verfügung stehende Arsenal an Zerstörungsmitteln die Spielregeln durcheinander: Die Staaten kämpften nicht länger um eine Stadt oder eine Provinz; da jeder die Existenz des anderen auslöschen konnte, kämpften sie ums Überleben. »Ganz offensichtlich läßt sich Clausewitz' Definition des Krieges – die Fortsetzung der Politik mit anderen Mitteln –, so angemessen sie für die europäischen Nationalstaaten des 18. und 19. Jahrhunderts gewesen sein mag, nicht mehr auf unsere gegenwärtige Situation anwenden. Das wäre auch unabhängig vom Atomkrieg so. Seit dem Ersten Weltkrieg wissen wir, daß keine Regierung, ja sogar keine Regierungsform einen verlorenen Krieg überleben kann.«

Das enorme quantitative Wachstum des Zerstörungspotentials verleiht der Macht der Waffen eine neue Qualität. Sie wird potentiell zur Gewalt über Leben und Tod, sie kann ganze Völker auslöschen, ohne die Zivilbevölkerung, Frauen und Kinder auszunehmen; sie bedroht nach und nach die gesamte Menschheit. Ein großer Eroberer beschränkt sich heute nicht mehr darauf, die Welt zu verändern, er kann ihr ein Ende setzen. Der Krieg, dessen Grimasse das klassische Europa glaubte kontrollieren zu können, ist wieder zur todbringenden Geißel geworden.

Frankreich wollte nicht hören. Hypnotisiert durch die Sirenen der »langen Dauer« und *die* Kultur, verschanzt hinter dem imaginären Schild seiner Maginot-Linie, träumte es von der wiedergefundenen Unverwundbarkeit und versank in einer Katastrophe, die nur wenige Unglückspropheten vorwegzunehmen gewagt hatten. Frankreich erklärte seinen Rücktritt in Spanien und kapitulierte 1940. Überlassen wir den Engeln und den

Naiven, die blind sind für all das Schreckliche, was um uns herum geschieht, die Hoffnung, daß dieses Ereignis einmalig ist und daß die Pforten der Hölle endgültig verbarrikadiert sind. 1938 schrieb der Exilschriftsteller Joseph Roth in seinem Roman *Die Kapuzinergruft*, der Große Krieg sei deshalb ein »Weltkrieg« gewesen, weil jeder darin seine Welt verloren habe. Es blieb nichts anderes übrig, als auf den Traum zu verzichten, irgendein schützender Kosmos lasse sich dadurch wiedergewinnen, daß man zu Verkäufern von Heilmitteln lief. Heute bleibt zu hoffen, daß hinter dem Krieg etwas über ihn Hinausweisendes aufflammt, wenn die Geißel in Abständen erneut erscheint, aufgestiegen aus den Tiefen der Zeit. »Einmal mehr stieß die alte Erde im Würgegriff ihren alten saturnischen Schrei in die Nacht hinaus.«

V. Was geschah am 18. Juni?

>»Sagen Sie mir, Herr General,
was ist eine verlorene Schlacht?
Ich habe das nie richtig verstanden.«
Er schwieg einen Augenblick,
bevor er mir antwortete:
»Ich weiß es nicht.« Und nach einem
weiteren Moment des Schweigens fügte
er hinzu: »Das ist eine Schlacht,
die man glaubt, verloren zu haben.«
>
> *J. De Maistre,*
> *Les soirées de*
> *Saint-Pétersbourg*
> *(1806, VII)*

Der Krieg wird nie wieder sein, was er einmal war. Die Ereignisse vom Juni 1940 bestätigten Charles de Gaulles schlimmste Befürchtungen. In der scheinbaren Zusammenhanglosigkeit seiner Ansprachen offenbart der rebellische Offizier die Vielschichtigkeit der Feuersbrunst, die über das Land fegt; aus ihr stammt seine Weigerung aufzugeben, seine Suche nach Verbündeten und seine Hoffnung. Blicken wir heute aus der Distanz von fünfzig Jahren auf den Zweiten Weltkrieg zurück, scheinen die Art der Kriegsführung, die Fratze des Hasses und die Struktur der Machtbeziehungen höchst aktuell zu sein. Der Krieg 1940–1945 als solcher aber bleibt ein einzigartiges und nicht wiederholbares Ereignis. Die Achse der drei faschistischen Systeme steht dieses eine, aber nur dieses einzige Mal der Allianz zwischen der Sowjetdiktatur und den »bürgerlichen« Demokratien gegenüber. Wie spezifisch die Konstellation auch sein mag, ein solcher Zusammenprall von Weltreichen führt tiefere, jahrhundertealte Strömungen zusammen. Und er enthüllt überraschenderweise, über wie lange Zeit wir uns schon immer im Kriegszustand befanden und wie sich die kurzen Phasen ekstatischer Friedensbegeisterung dazwischen verlieren.

Sein Respekt vor einer angemessenen Ausdrucksweise, seine Vorliebe für Maß überhaupt und sein Realitätsbewußtsein läßt er sich durch keinerlei lyrisches Pathos trüben, aber er zögert nicht zu sagen: »Ein solcher Krieg ist eine Revolution, die größte, welche die Welt jemals erlebt hat.« Das Wort »Revolution« fällt nicht zufällig, der Begriff taucht erneut auf als Bezeichnung für den Untergang der ehemaligen Weltordnung. So sind das britische und das französische Kolonialreich verurteilt, sich zu verändern oder sich aufzulösen: »Ja, dieser Krieg, der in vielerlei Hinsicht eine Revolution darstellt, kann zu einem tiefen und heilsamen Wandel in Afrika führen, trotz des Bluts und der vielen Tränen, die seinetwegen fließen und noch fließen werden.« Der Begriff »Revolution« wird, darüber darf man sich nicht täuschen, hier in seiner klassischen Bedeutung gebraucht, wie sie Voltaire vertraut war. »Revolution« bezeichnet eine vollständige Umwälzung der bestehenden Ordnung, den unaufhaltsamen Umsturz eines althergebrachten Gleichgewichts, den Kulminationspunkt, an dem die Menschen und die Dinge kopfüber fallen, sei es zum Guten oder zum Schlechten.

Eine Revolution ist weder gut noch böse. Sie ist nicht unbedingt ein freudiges Ereignis, aber man darf sie auch nicht verteufeln. Sie zeigt, daß der Konflikt, den sie erhellt, unauflöslich ist und anhaltende Auswirkungen zeitigt. »Ein griechischer Philosoph sagte, der Krieg sei der Vater aller Dinge. Gewiß, es stimmt, daß sein hartes Licht oft scharf die Konturen der Notwendigkeiten zeigt, die bis dahin nicht klar zu erkennen waren, und daß er mit seiner Gewaltsamkeit Lösungen durchsetzt, die in friedvollen Zeiten abgelehnt oder zumindest hinausgezögert worden wären. Somit befindet sich Afrika im Krieg, und wir können nicht daran zweifeln, daß diese enorme Prüfung tiefgreifenden Einfluß auf die Entwicklung Afrikas haben wird.« In dieser Rede aus dem Jahr 1941 ist der Zerfall der Kolonialreiche nur ein Symptom unter anderen dafür, daß der neue Kriegszustand unter der Oberfläche des Friedens fortbestehen wird, der ihm vermeintlich ein Ende setzen sollte.

Und in der Tat gibt es eine böse Überraschung, denn kaum ist der Kalte Krieg beendet, die in Jalta beschlossene Teilung überwunden, entfachen die über Jahrzehnte eingefrorenen, gewissermaßen blockierten Streitkräfte alte und neue Feuer und lösen eine nicht minder weltumspannende Kettenreaktion aus als jener zweite Krieg, der zum Weltkrieg wurde. Nur selten hat die Entkolonialisierung den erträumten Frieden gebracht. Dürfen wir uns darum wundern, daß der rasche, seinerseits weltumspannende Zerfall des Kommunismus in ein so konfliktgeladenes Durcheinander mündete?

Die Augen aus den Höhlen getreten

Von 1929 an legte de Gaulle großen Wert auf die notwendige Unterscheidung zwischen »Form« und »Wesen«. Die Form des Krieges ist historisch, sie wandelt und erneuert sich je nachdem, wie Monarchen, Armeen, Nationen, Kontinente aufeinanderprallen. Aber das »Wesen« des Krieges verändert sich nicht, »er bleibt wie ehedem ein Aufeinandertreffen von Willenskräften, und die Grundsätze, die ihn in der Geschichte regiert haben, regieren ihn auch heute noch«. Mit der Definition des Krieges als Duell oder Spiel gegen einen anderen, als »strategisches Spiel« der mathematischen Theorie, hat Clausewitz diesen unantastbaren Kern der Kraftprobe faßbar gemacht. »Krieg in seiner eigentlichen Bedeutung ist Kampf; denn Kampf allein ist das wirksame Prinzip in der mannigfaltigen Tätigkeit, die man in der weiteren Bedeutung Krieg nennt. Kampf aber ist ein Abmessen der geistigen und körperlichen Kräfte mittels der letzteren.«

Im Jahr 1940 löste sich die letzte Regierung der III. Republik in Bordeaux panikartig auf. Angesichts der Kapitulation der Vichy-Regierung stützte sich die gaullistische Strategie des Widerstands kompromißlos auf das Wesen des Krieges: »Wie und warum sollte Frankreich sich als besiegt betrachten? Gewiß hat Frankreichs Armee in der Hauptstadt eine furchtbare Niederlage erlitten, denn es ist den mechanischen Mitteln eigen, daß sie verheerende Wirkungen haben können.«

Halten wir fest, daß ein schwer geschlagenes Land nicht *ipso facto* ein besiegtes Land ist; was eine mechanische Kraft, in diesem Fall die deutsche, getan hat, kann eine andere wieder gutmachen. Halten wir weiter und vor allem fest, daß das Beharren auf den »mechanischen« Parametern der Katastrophe die fatalistischen Weiterungen des Pétain-Regimes verbietet, das aus einer vorübergehenden physischen Schwäche auf einen völligen geistigen Zusammenbruch schließt. Das gaullistische Denken definiert die Verfehlung Frankreichs als eine rein strategische (den bevorstehenden Krieg nicht vorbereitet zu haben) und setzt damit den konformistischen Kasteiungen ein Ende, die als

Quelle allen Übels einhundertfünfzig Jahre laizistischer und republikanischer »Dekadenz« geißeln.

Anders als das Vichy-Regime glauben machen möchte, geht es nicht darum, daß der Arbeit ihr transzendenter Wert oder der Familie ihre mystische Berufung abgesprochen wird, sondern es geht um Material, um Kommandostrukturen, um den überraschenden, schnellen, an den richtigen Stellen geplanten und koordinierten Einsatz von Panzern, Flugzeugen und Menschen. Die Entwürfe für eine innere Umgestaltung des Landes, die hochfliegenden Pläne, die nach der Katastrophe zuhauf sprießen, werden beiSeite gewischt, halten dem Prüfmaß der Schlacht nicht stand. »Die Waffenentscheidung ist für alle großen und kleinen Operationen des Krieges, was die bare Zahlung für den Wechselhandel ist.«

Die unerbittliche Lektion der unmittelbaren Konfrontation reduziert die geistigen Kräfte ganz und gar nicht auf die materiellen Kräfte. Ganz im Gegenteil, und dieser Unterschied wiegt schwer, mißt man den Einsatz der ersteren daran, zu welcher Wirkung er den letzteren verhilft. Die Moral einer Nation wird zur Widerstandskraft, indem sie als (materielle Kraft) den feindlichen Waffen die eigenen Waffen entgegensetzt. Wenn die Waffen nicht siegen, muß eine Militärstrategie dem Rechnung tragen.

Aus der Betrachtung des Krieges als Krieg im Sinne des »Wesens« schließt de Gaulle auf die Überlegenheit der Berechnung gegenüber dem moralisierenden Geschwätz. Wir haben eine Schlacht verloren, aber nicht zwangsläufig unsere Seele. Die Berücksichtigung der neuartigen und spezifischen »Formen« des stattfindenden Konflikts führt zu einer weiteren Schlußfolgerung: Wir haben eine Schlacht verloren, aber nicht den Krieg. Widmet man sich dem schieren Kräfteverhältnis, so wird hinter der nackten Brutalität die Einzigartigkeit seiner Raum-Zeit offenbar, seiner »Formen«: »In dem Maße, wie die mechanische Natur dieses Krieges zutage tritt, wird zugleich sein weltweiter Charakter deutlich. Dem Zusammenspiel der modernen Kräfte stehen immer weitere Räume auf der Erde, immer ausgedehntere Gebiete auf dem Meer, immer weitere und tiefere Himmelsregionen offen. Der Tag kommt, wo die Grenzen des Schlachtfelds die Grenzen der Erdkugel sein werden.« (21. Oktober 1941)

1. Die weltweite Dimension gibt dem Aufruf vom 18. Juni seine rationale Basis.

In einem klassischen europäischen Konflikt besiegelt der Fall der Hauptstadt die Kapitulation: »Jedesmal, wenn im letzten Jahrhundert Paris eingenommen war, dauerte der Widerstand Frankreichs keine Stunde länger«.

Sechs Jahre später verkündete de Gaulle nach dem Fall von Paris, daß er den Boden des Vaterlandes an seinen Schuhsohlen mitnehme. Er verlegte den Mittelpunkt der entwurzelten, physisch von ihrem Land und ihrem Volk getrennten französischen Souveränität nach London. Dieser unerhörte Akt erhielt seine Rechtfertigung durch das ungeheuerliche Ausmaß der Aggression. »Dieser Krieg wird nicht durch die Schlacht von Frankreich entschieden. Dieser Krieg ist Weltkrieg.«

Ohne sich dessen bewußt zu sein, wiederholte Hitler den Fehler, den Admiral Tirpitz 1916 begangen hatte. Beide glaubten, sie könnten einen auf Europa begrenzten Krieg führen. Doch die Unbegrenztheit der eingesetzten Mittel und der geplanten Operationen führte über die Schranken hinaus, die sie auf diplomatischem Weg ihrem Eroberungsstreben zu setzen vorgaben. Mit dem Angriff auf Großbritannien, der Bombardierung des Landes, dem Versuch der Invasion, dem Kampf gegen die Flotte und der Bedrohung des Empires traf Hitler die Vereinigten Staaten und zog sie in den Konflikt mit hinein. Gegen seinen Willen geriet er vom Schlachtfeld Europa, wo Frankreich verloren schien, auf internationales Territorium, und dort konnte Frankreich de Gaulle zufolge das Spiel wiederaufnehmen. Da Siege und Niederlagen in »mechanischen« Begriffen gemessen werden, werde die Hitlersche Maßlosigkeit von selbst die Neutralität der anderen Kontinente beenden, kalkulierte der Einzelgänger, und dem europäischen Widerstand ein hervorragendes Hinterland eröffnen.

2. In politischer Hinsicht ist der Krieg von vornherein *total*, geographisch gesehen ist er nur potentiell ein Weltkrieg.

Mit den Blitzoffensiven, durch die in rascher Folge eine herrliche europäische Hauptstadt nach der anderen fiel, gehörten die alten Kämpfe zwischen souveränen Mächten endgültig der Vergangenheit an. Die Zeit des Kampfs um die Vorherrschaft war angebrochen.

Zur Verdeutlichung: Der Krieg war nicht total in der Hinsicht, daß er die Gesamtheit der einsetzbaren Ressourcen mobilisiert hätte – das geschah zu keinem Zeitpunkt. Er war auch nicht total in dem Sinne, daß er die ganze Macht in einer einigenden Hand konzentriert hätte – der Hand eines vielgeliebten Führers, eines Vaters der Völker oder einer Partei. Ideologische, strategische und ökonomische Konzentration schließt Anarchie keineswegs aus, auch nicht die Passivität der Verwaltung oder Proteste, das zeigen die Verzögerungen innerhalb der atomaren Forschung der Nazis, die Unentschlossenheit und die Widersprüche, in welche sich die Wehrmacht in Rußland verstrickte . . .

Für den, der ihn anzettelt, ist ein Krieg nie total, was immer er auch behaupten mag.

Der Krieg wird zum totalen Krieg für diejenigen, die ihn erleiden, für die Opfer: Wer Hitler unterlag, verlor sein Recht auf Leben, die Staaten wurden Torsi, die Mächtigen Marionetten, die Menschen waren fast schon Kadaver, ihr Tod war nur aufgeschoben, solange es dem Sieger gefiel.

Angesichts der totalen Gewalt, die alles vernichten kann, muß der Widerstand radikal sein: »In der Geschichte sind die größten Taten der größten Völker ihre Kämpfe um die Freiheit.«

3. Der Krieg ist moralischer Natur. Was heißt das? Heißt es, daß die Gegner sich auf einen Moralkodex berufen? Jeder auf einen anderen? Das ist bei allen Konflikten der Fall, lassen wir also diese Banalität beiseite.

Nicht die zur Schau gestellte Moralität oder Immoralität macht das Besondere der totalitären Strategie aus, sondern, eine Stufe darüber, der Wunsch, einseitig, ein für allemal und für alle Menschen das Entscheidungsmonopol in Verhaltensfragen zu erlangen. Dieses absolute Diktat ist Ausdruck einer »Bewegung, die nur dem rassisch oder national definierten Kollektiv Rechte zuerkennt und dem einzelnen jegliche Fähigkeit zu denken, zu urteilen und nach eigenem Ermessen zu handeln abspricht, ihm die Möglichkeit dazu raubt, der Diktatur die außerordentliche Macht verleiht, Gut und Böse zu definieren, richtig und falsch zu bestimmen, zu töten oder leben zu lassen, wie es gerade der totalen Herrschaft der Gruppe, die sie verkörpert, zustatten kommt«.

Die übliche Moral definiert sich gegenüber einem Guten und einem Bösen, die als nicht verhandelbar postuliert werden. Der übliche Immoralist definiert sein Gut und Böse als etwas Willkürliches und Subjektives.

Der totale Krieg beansprucht jenseits des Üblichen die moralische Macht, höchste Werte festzulegen. Er nimmt sich die »maßlose« Macht, die Schöpfung auszulöschen, um sie neu zu beginnen. In übermenschlicher Weise behauptet er, Zugang zur göttlichen Allmacht über Leben und Tod zu haben, das Dasein und den Sinn vernichten und dann *ex nihilo* etwas Neues schaffen zu können.

Der Wunsch, unbegrenzte Mittel bis zum Äußersten einzusetzen, überschreitet die Grenzen des Zulässigen, die bis dahin implizit respektiert wurden. Dem entspricht die Logik der Umkehr der Verletzbarkeit, wie sie am Wendepunkt des ersten weltweiten Konflikts zutage getreten ist. Einst mußte ein Eroberer sein Recht mit Waffengewalt der gegnerischen Armee aufzwingen, dann konnte er die Zivilbevölkerung seinem politischen Willen unterwerfen.

Heute verbreitet er im Hinterland Angst und Schrecken, um die Front zu schwächen und zu demoralisieren. Es ist üblich geworden, Städte zu bombardieren – in einem Atemzug beklagen wir Guernica, Vukovar, Grosny –, und die Vertreibung der Menschen ist das übliche Trinkgeld für die Invasoren.

Im Jahr 1914 reiste Stefan Zweig durch Polen, das sich abwechselnd in österreichisch-deutschen und in russischen Händen befunden hatte. Ihm fiel auf, wie wenig die Zivilbevölkerung am Treiben der Soldaten beteiligt war. Die Zivilisten machten mit den Soldaten Geschäfte, ergriffen aber nicht Partei. Sie litten zwar unter den Folgen des Krieges, waren aber nicht die direkte Zielscheibe.

In Zukunft bemaß sich die Wirkung der militärischen Mittel danach, bis zu welchem Grad es gelang, den anderen der eigenen Allmacht zu unterwerfen. In Frankreich bestanden die beiden Zeitalter des Krieges noch in den Gepflogenheiten der Besatzungsmacht fort: Respektierung der impliziten Grenzen durch die Wehrmacht, Schrankenlosigkeit auf Seiten der Gestapo und der SS. Aber es gab auch die tragischen Fälle, wo jede Hemmung gegenüber der erniedrigten Bevölkerung fiel. So gewann die Verwirrung die Oberhand, und die Hemmungslosigkeit wurde zur Regel für Armee und Polizei. Man findet Beispiele der gleichen Brutalität wie gegenüber den Völkern im Osten und gegenüber den Juden.

Die totalitäre Gewalt wurde allzu rasch und simplifizierend als ein moderner Automatismus dargestellt. Man hat sie in einem Atemzug mit den Perversionen des Maschinenzeitalters, des Militarismus und der autoritären Erziehung genannt; man hat sie auf die Entfremdung der Arbeit am Fließband und den Fordismus zurückgeführt; man glaubte darin die gewissermaßen konzentrierte Wirkung einer sehr weitgehenden Gleichschaltung und Serienproduktion zu erkennen, wodurch der einzelne seine Individualität verliere und Gemeinschaften zur atomisierten Masse würden. Doch diese Sicht verfehlt die Besonderheit der Gewalt, die im Krieg, durch den Krieg und für den Krieg ausgeübt wird.

Diese Sicht ignoriert ihre Einzigartigkeit und Unabhängigkeit. Die Gewalt im Krieg steht nicht, es sei denn als leeres Gerede, im Dienst einer äußeren Totalität. Sie schöpft ihre Kraft und ihre Siege aus sich selbst und mißt sie an sich selbst. Sie feiert ihren Triumph in der »physischen und moralischen Auflösung«, deren Ursache sie ist. Und ihr Ziel ist nicht die Zustimmung, wonach der Eroberer früherer Zeiten strebte, der die Bevölkerung für sich gewinnen wollte, sondern die Versklavung. Der Totalitarismus ist das moderne Antlitz der Sklaverei, die man im 19. Jahrhundert »überwunden« glaubte.

Der philosophische Geruch des Pulvers

Die entsetzlichen Greueltaten, die den Zweiten Weltkrieg diskreditieren, waren die Frucht der neuen Erscheinungsform des Krieges. Sie ereigneten sich nicht zufällig wie die üblichen Beutezüge der Soldateska, sondern wurden am Rande von planmäßigen Schlachten begangen.

Im totalen Krieg sind Verbrechen keine Unfälle, sondern Teil des Plans. Metzeleien sind keine harmlosen »Schönheitsfehler«, sie gehören zum Räderwerk der »Strategie von Berchtesgaden, deren Kunst darin besteht, mit den niedrigsten Seiten der menschlichen Natur gemeinsame Sache zu machen «.

Die neue Stufe der Grausamkeit bedeutet einen Bruch mit dem herkömmlichen Völkerrecht, das die Gewalt kodifiziert hatte. In die quälende Sehnsucht nach den verlorenen Verboten droht sich freilich, insbesondere bei den Juristen, die eine oder andere nostalgische Illusion zu mischen. Das »Kriegsrecht«, *jus in bello*, das Recht, das den Verkehr der europäischen Staaten untereinander regelte, das *jus gentium europaeanum*, hat niemals Gesetzeskraft besessen. Es gab keine allgemein anerkannte Autorität, die ein solches Recht erlassen, geschweige denn seine Einhaltung überwachen und Verstöße hätte ahnden können. Die relativen und schwankenden Grenzen der militärischen Gewalt gründeten auf einem ungeschriebenen Verhaltenskodex, bisweilen auch auf einem Mangel an Phantasie oder an Mitteln. Im Licht der Katastrophe der Jahre 1940–1945 erkannte Europa, daß es bis dahin in einem Zustand der eingeschränkten Gewalt gelebt hatte. Die der Gewaltausübung gesetzten Grenzen, die erst im Rückblick erkennbar wurden, waren nicht in erster Linie rechtlich fixiert, sondern in jahrhundertealten Gepflogenheiten verankert.

Die totalitäre Schrankenlosigkeit rührt an den Kern, die Veränderungen in der Kunst der Kriegsführung zerstören weniger rechtliche Regelungen als die Gesamtheit der Verhaltensweise und Gepflogenheiten. »Die Tyrannei der Diktatoren ist die größte Gefahr und das größte Unheil, das jemals die Welt bedroht hat.«

Bis ins 20. Jahrhundert hing das aufgeklärte Europa der Idee an, daß die Gewalt sich zivilisieren, das heißt, sich selbst beschränken könne und müsse. Trotz aller schmerzlichen Enttäuschungen glaubte Hegel, er könne dieses optimistische Experiment und das, was es lehrte, systematisch fassen. Auf dem Hintergrund seiner Theorie wird deutlich, daß die totalitäre Agitation, einem Donnerschlag aus heiterem Himmel gleich, das moralische Ende der alten Welt brachte.

Hegel wollte nicht als Moralprediger auftreten. In seinen Augen macht die Gesellschaft weniger durch Beschränkung ihrer Gewaltsamkeit Fortschritte als durch deren Metamorphose. Anstatt ein äußerliches System von Schranken zu errichten, verwandelt sie von innen heraus die Barbarei, die ihr Wüten allmählich domestizieren muß.

Während alle bekannten Moralsysteme sich vergebens bemühen, Krieg und Zivilisation als zwei große, einander ausschließende, umgekehrt proportionale Kräfte darzustellen, geht Hegels Bestreben dahin, den Krieg zu zivilisieren, damit das kriegerische Handeln durch das kriegerische Handeln selbst vergeistigt, der Krieg durch den Krieg sublimiert werde. Die Erfinder des Schießpulvers, die Chinesen, verwendeten es üblicherweise für Feuerwerke. Als die Europäer die große Entdeckung der Chinesen wiederentdeckten, machten sie sie zum Geheimnis des Universums: »Das Schießgewehr ist die Erfindung des allgemeinen, indifferenten, unpersönlichen Todes.« Es verwandelt die Völker in Nationen und die Menschen in Staatsbürger. Europa hob die Kämpfer über sie selbst und ihre unmittelbaren Leidenschaften hinaus und führte so durch den Krieg zur Vernunft, denn es führte die Vernunft und ihre Universalität in den Krieg ein: »Dieser Krieg ist nicht Krieg von Familien gegen Familien, sondern von Völkern gegen Völker, und damit ist der Haß selbst indifferentiert, von aller Persönlichkeit frei.«

Napoleon stellte nüchtern fest: »Heute werden Schlachten durch das Feuer und nicht durch den Hieb eines Säbels entschieden.« Rousseau hatte dies für die gesamte klassische Zeit hervorgehoben. Hegel bestätigte: Der Krieg findet zwischen Staaten statt, er stellt nicht Mann gegen Mann, er schont soweit als möglich die Zivilbevölkerung, er mobilisiert keine Haßgefühle, er fördert den überpersönlichen Mut; seine Domäne ist die Selbstverleugnung, der Kämpfer unterwirft sich einer Macht, die größer ist als er. »Der Tod [muß] kalt empfangen und gegeben werden, nicht durch die statarische Schlacht, wo der Einzelne den Gegner in das Auge faßt und im unmittelbaren Hasse denselben tötet, sondern so, daß der Tod leer empfangen und gegeben wird – unpersönlich aus dem Pulverdampf.« In diesem Rahmen, aber auch nur in diesem Rahmen, wird der Kampf auf Leben und Tod zum Kampf um Anerkennung.

Die berühmte Inszenierung des ursprünglichen Kampfes, die »Dialektik von Herr und Knecht«, beschränkt sich darauf, spekulativ den allgemeinen Grundsatz der Aufklärung weiterzuführen. Ein Krieg kann nicht von beiden Seiten aus gesehen gleichermaßen »gerecht« sein: Das Duell der Staaten, die Regeln, die sie sich geben, der Heldenmut und die Disziplin, die sie an den Tag legen, wenn sie einander gegenüberstehen, all dies sind Zeichen der Anerkennung. Im Zusammenprall wird über die Zugehörigkeit zu der großen europäischen Familie entschieden, lange bevor in einem kurzlebigen Friedensschluß die Existenz einer gemeinsamen zivilisatorischen Basis bestätigt wird, die fester und wesentlicher ist als der momentane Frieden. Guibert resümiert: »Die wahre Vollkommenheit der Kriegskunst besteht darin, daß die Verteidigung dem Angriff überlegen ist und die Nationen sicher sind vor einem gegenseitigen Überfall.«

Im klassischen Europa ist der Kern des Rechtsstaats die Gleichheit vor dem Gesetz. Gleichheit wo? Und wann? Gewiß nicht in diesem Leben, bedenkt man die Fülle der Privilegien, unter denen Reichtum nicht das geringste ist. Gleichheit in der Teilhabe am allgemeinen Glück und am höchsten Gut? Rasch sehen wir uns vor dem Problem, daß wir ein alle Gemeinschaften der europäischen Republik einigendes Ideal definieren müßten. Plutarch zählte einige hundert einander widersprechende Beschreibungen der höchsten Werte.

Die für die europäische Staatsbürgerschaft konstitutive Gleichheit ist eine Gleichheit vor dem Tod. Es ist die Gleichheit der Feuerwaffe, die auf den einzelnen nicht als Person gerichtet ist, sondern nur als Soldat. Es ist ein anderes Abbild der Unpersönlichkeit der Guillotine, »es ist der kälteste, platteste Tod, ohne mehr Bedeutung als das Durchhauen eines Kohlhaupts oder ein Schluck Wasser«. Die Bürger sind frei und gleich angesichts des Sterbens, da der Staat, der ihnen das Leben nimmt, vielleicht sogar zu Unrecht, sich nicht anheischig macht, ihre Strafe ins Persönliche zu wenden.

Die Abschaffung der Folter, die Verkündung der Menschenrechte und die Errichtung des jakobinischen Fallbeils gehören zusammen. Die herausragende Würde und die feierliche Größe des Rechts auf einen gleichen Tod für alle entgeht freilich jenen, die in seinen Genuß kommen. Erst im Zeitalter der totalitären Kriege und Revolutionen wird erkennbar, welchen Preis es kostet, dieses grundlegenden Rechts beraubt zu sein.

Der metaphysische Gestank von Gas

Tötung von Zivilisten, Terror gegen Städte, Deportation, Vernichtung: sie läuten das Zeitalter der schmutzigen Kriege ein. André Malraux, Genealoge seiner Zeit, datierte den Eintritt ins Zeitalter der Unmenschlichkeit so: »Als zum ersten Mal Kampfgas eingesetzt wurde, kehrte Satan auf die Welt zurück.«

Die Deutschen setzten Gas zum ersten Mal 1916 an der Weichsel gegen die Russen ein. Malraux läßt das Geschehen vor seinem geistigen Auge erstehen und erhebt jenen »von Krämpfen geschüttelten Tag« in den Rang einer Verkündigung: »Es folgten Verdun, das Giftgas von Flandern, Hitler, die Vernichtungslager«.

Mit dem programmierten Erstickungstod, offiziell und wiederholt zugefügt, wurde ein ethischer Rubikon überschritten, Europa begab sich auf das Gebiet des noch nie Dagewesenen. Hitler wird zum Zeugen der Anklage gegen sich selbst, wenn er in *Mein Kampf* die Erfindung des Gases dem Gegner zuschreibt, genauer einer Verschwörung der Juden, deren Bestialität sich daran ein weiteres Mal »erweise«. Ein pathologischer Mechanismus wirkt noch darin, wie Malraux den Anfang vom Ende präzise zu datieren. Wenn der Einsatz von Gas erlaubt ist, ist alles erlaubt, und die letzten Verbote werden übertreten.

Hitler »erinnert« sich später daran. Das Gefühl, etwas nicht Wiedergutzumachendes sei geschehen, ist, auch wenn man es teilt und nicht in Frage stellt, schwer zu dechiffrieren. Der quantitative Aspekt fällt nicht sehr ins Gewicht, wir kennen Waffen, die weitaus tödlicher sind und viel weniger Empörung geweckt haben. Daß die Anwendung illegal ist, reicht für die einhellige Verdammung nicht aus; viele andere Übereinkünfte wurden gebrochen, ohne daß es Entsetzen hervorgerufen hätte. Es ist die »Heimsuchung durch das Schreckliche«, die die Gleichsetzung von Maschinengewehr und Giftgas verbietet. Es besteht eine unüberwindliche Scheidelinie zwischen einem von Kugeln durchsiebten Leichnam und der verzerrten Grimasse eines im Gas Erstickten, »kein Totengesicht wird ihn jenen entsetzlichen Anblick vergessen lassen«.

Die Qualen des Erstickungstodes geben nicht ausreichend Zeugnis von der Erstarrung in Entsetzen, die er verursacht. Der Tod durch den Schierlingsbecher war ein Vorrecht; Sokrates hat nicht gelitten. Malraux berührt hier einen entscheidenden Aspekt. Formulieren wir es deutlicher: Vielfältig verstümmelte Menschen schrien vor Schmerzen, ohne daß man auch nur daran dachte, die Waffen zu ächten, die sie so zugerichtet hatten. Und noch präziser: Sokrates entging dem moralischen Leiden. Ihm wurde sein Tod nicht gestohlen. Seine letzten Stunden gehörten ihm allein. Soweit er litt, blieb es körperliches Leiden, und insofern gehörte es zu dem anonymen Tod, den Hegel mit Pulver und Schafott verbunden sah.

Wer den Erstickungstod stirbt, wird, wie der Gefolterte, seines letzten Augenblicks beraubt. Es ist ihm nicht mehr möglich, zwischen Sein und Nichtsein zu unterscheiden. Er hat keine Wahl, er atmet den Tod. Wenn der Folterknecht sein Opfer quält, bis ihm die Lust am Leben vergeht und es schließlich bedauert, überhaupt noch am Leben zu sein, ist er im Besitz eines übermenschlichen Privilegs. Indem er dem gemarterten Fleisch verbietet, zwischen Leben und Tod zu unterscheiden, erhebt er sich über die Conditio humana.

Der Tod des Sokrates war ein sauberer Tod, der Faden wurde klar und eindeutig zerschnitten. Der Schierlingsbecher ist etwas Unpersönliches, er entwürdigt denjenigen nicht, der ihn trinkt, durch ihn fällt keine Schande auf die zurückbleibenden Angehörigen. Er reicht weder in die Zukunft hinein noch in die Vergangenheit zurück, sondern unterbricht die Zeit hier und jetzt. Er verschwindet mit demjenigen, der ihn leert.

Der schmutzige totalitäre Tod verwischt die Grenze, er wirkt nach vorne und zurück, er zerstört die Vergangenheit und befleckt die Zukunft. Die spektakuläre Inszenierung der Moskauer Schauprozesse, die intime Dramaturgie von Folterkammern, dies alles löscht die frühere Existenz des angeblich Schuldigen aus; er wird gezwungen, sich zu verleugnen. Er entschwindet aus der Zeit, und mit ihm entschwindet seine Zeit. Sein Leben wird von Geburt an ausradiert, und er verliert sogar seine Vorstellung von einem anderen Leben.

Der geraubte Tod

Algier 1995: Die Soldaten Gottes verstümmeln und vergewaltigen, ehe sie den tödlichen Dolchstoß setzen. Sie suchen Lust in der Ausdehnung der thanatokratischen Macht. Wenn sie die Körper wie Baumstämme zerhacken und die Leichenteile in alle vier Himmelsrichtungen zerstreuen, wenn sie Gräber schänden und Leichen mit Sprengstoff präparieren, dehnen sie ihre Herrschaft weit über den Tod hinaus aus. Wenn sie ihren Opfern den Zeigefinger abschneiden, schneiden sie ihnen den Weg zum Paradies ab, ihre Schläge treffen noch nach dem Tod. »Sie schlagen nach dem Tod zu, sie sind mächtiger als Gott!« sagt Khalida Massaoudi. Der Experte, der Zyklon B anwendet, erreicht allerhöchstens die Macht, Menschen in Ratten zu verwandeln, Ratten in Asche und Asche in Seife.

Hegels kalter, unpersönlicher Tod war wie das Gesetz, das er *in extremis* verkörperte, paradoxerweise das notwendige Gegenstück zum individuellen Leben. Er unterbrach brutal und bisweilen ungerecht den Lauf des Lebens, aber immer blieb er gleichgültig und eisig, ohne Beimischung von Besonderheiten. Eine solche Teilnahmslosigkeit angesichts der Wechselfälle des Lebens und dem Moment des Sterbens ist eine *conditio sine qua non de*r Freiheit. Wenn der Kaiser in Rom einen Stoiker zum Selbstmord aufforderte, schloß er einen Handel ab. Geben und Nehmen. Der Verurteilte willigt ohne Widerspruchsrecht in einen Akt freiwilligen Gehorsams ein, der bis zum Äußersten getrieben wird. Der Herr erteilt den Auftrag und macht dazu ein Geschenk, er gibt dem verwirkten Leben bis zum letzten Atemzug die Freiheit: Der Weise bleibt »frei noch in Ketten«, er weigert sich, die Willkür gutzuheißen und das unpersönliche Schicksal zu etwas Persönlichem zu machen.

Die Sklaven hingegen verfügten ebensowenig über ihren Tod wie über ihr Leben, sie waren Werkzeuge in den Händen ihres Besitzers, der nach Gutdünken mit ihnen verfahren konnte. Als Hegel die Einsetzung des gleichen Todes durch Krieg und Revolution feierte, pries er die Abschaffung der Sklaverei in Europa. Man glaubte, daß Arbeit den Menschen im selben Maße, wie sie ihn entfremdete, erziehen und befreien würde, weil der Produzent seinem Produkt – der berühmten »Warenwelt« – wie etwas Anderem, Fremdem gegenüberstehe. Am Ende seiner Arbeit sieht sich der Arbeiter ebenso mit der immer gleichen Anonymität seines Werkes konfrontiert wie der Krieger angesichts des Todes. Für beide werden die Erfahrung der Endlichkeit und die Erlangung der Autonomie eins.

Der Krieger kann ohne Statusverlust zum Arbeiter werden, ist doch Arbeit die bürgerliche, friedliche, liberale Form des Kampfes. Umgekehrt wird der Arbeiter als Gewerkschaftler und Revolutionär zum Kämpfer. Von Adam Smith bis zu Karl Marx haben die Philosophen im aufgeklärten Europa des letzten Jahrhunderts darauf gesetzt, daß es gelingen würde, Kriege und Revolutionen zu zivilisieren, und die Sklaverei glaubte man ein für allemal überwunden. Weit gefehlt!

Mochten die durch Gewohnheiten und Gebräuche ins Völkerrecht eingegangenen Grenzen auch vage und flüchtig gewesen sein, sie verhinderten doch, daß der Besiegte zum Sklaven gemacht werden konnte. In den riesigen Kolonialreichen hingegen war die Sklavenarbeit weiter an der Tagesordnung. Was nicht gesehen wird, fällt nicht unter das Gesetz. Die schlimmsten Höhepunkte exotischer Abenteuer gaben oft den Anstoß zu totalitären Praktiken, sei es als strategische (Franco), als ideologische (Hitler) oder als historische (Stalin) Erbschaft. So ist es kein Zufall, daß die Sklaverei unter dem Deckmantel der »neuen« Form des Krieges nach Europa zurückgekehrt ist – als Konzentrationslager, Deportationen, Massaker an Zivilisten.

Wir brauchen uns nicht zu wundern. Rivalisierende, gegensätzliche Ideologien setzen Techniken der Unterwerfung ein, die in ihren schrecklichen Wirkungen ähnlich sind, wenngleich sie sich in der Art der zugefügten Greuel unterscheiden: das Dritte Reich, die Sowjetunion, China, Kuba, Kambodscha . . . Die zugrunde liegende rassistische, mörderische Ideologie ist austauschbar und veränderbar, sie dient im wesentlichen als Alibi und Vorwand. Die Sklaverei unserer Zeit wird durch die effektiven Modalitäten der totalitären Gewalt eingeführt, ausgedehnt und verewigt. Und das geschieht lange bevor ihr eine nichtssagende Idee oder hohle Ideologie als Krone aufgesetzt wird.

Blickt man auf den Folterknecht tief unten im Keller, den Demagogen und den des Völkermordes Schuldigen, so fällt weniger ihre Ähnlichkeit im Denken ins Auge als vielmehr ihre Verwandtschaft im Handeln.

Der totale Krieger, gleichgültig ob er als religiöser Fundamentalist auftritt, als nationalistischer Rassist oder Kommunist oder als Nationalrevolutionär, raubt seinen Opfern den Tod. Er treibt sie so weit, daß sie vor Schmerz verrückt werden, er überläßt sie unendlicher Unsicherheit und Willkür, bis sie sich, nach Atem ringend, umhertaumelnd, widerstandslos ergeben, bis sie bei lebendigem Leibe tot sind. Der totale Krieg des ersten Weltkonflikts ist im Verlaufe des zweiten zum Krieg bis zum Letzten geworden. Und was steht am Ende? Die universelle Sklaverei.

Und dieser Krieg, »der größte Krieg der Geschichte«, sollte keine Spuren hinterlassen haben? Einfach durchgestanden, eingeordnet, vorüber? Europa sollte ohne viel Aufhebens zum *status quo ante* zurückgekehrt sein? Und wieder still Hegels kleine Welt genießen, in der nicht geschehen konnte, was geschehen ist?

De Gaulle erklärte seine Einsamkeit in der ersten Zeit der Résistance nicht mit den Absonderlichkeiten der Ideologen und ebensowenig mit offensichtlichen soziologischen Gesetzmäßigkeiten. Nur zu gern hätte er die Abdankung der Eliten und der Honoratioren auf falsches Bewußtsein und kurzsichtige Interessen zurückgeführt. Er zögert nicht, seinen Kommentar zu den schaumschlägerischen Diskussionen abzugeben, die man zu führen beliebt, und den Mief der gewöhnlichen Mittelmäßigkeit der vornehmen Pariser Gesellschaft zu kritisieren.

Er greift ohne Umschweife die für Vichy charakteristische anfängliche Verblendung an, an der sich nichts änderte. Klar, aber ohne Zorn, beschreibt er die Scheuklappen von Pétain. »Dieser alte Soldat, der nach 1870 sofort wieder den Harnisch angezogen hat, gelangte zu der Ansicht, daß der Kampf nur ein neuer deutsch-französischer Krieg sei. Nachdem wir im ersten besiegt worden waren, gewannen wir den zweiten, den von 1914–1918, zwar mit Verbündeten an unserer Seite, aber die spielten eine zweitrangige Rolle. Nun würden wir den dritten verlieren. Das war zwar grausam, aber so ist das Leben.«

Einer nach dem anderen versetzt dem Nächsten den Todesstoß, meint der Marschall, für den dies eine fixe Idee ist. Doch er täuscht sich nicht nur im Krieg, sondern auch in der Epoche, er erkennt den fundamental neuen Charakter der Auseinandersetzung nicht, übersieht, daß sie über den europäischen Kontinent hinausreicht, total, moralisch, schmutzig und grausam ist. »Im Urteil des alten Marschalls wurden der weltumspannende Charakter des Konflikts, die Möglichkeiten der überseeischen Gebiete, die ideologischen Folgen von Hitlers Sieg nicht berücksichtigt. Solchen Dingen schenkte er gewöhnlich keine Beachtung.« Hinter dem verblaßten, vergilbten Bild eines Soldaten von Epinal scheint die stets junge und von vielen geteilte Bereitschaft auf, eine Heimsuchung dadurch verschwinden zu lassen, daß man vor ihr verschwindet.

VI. Eine nukleare Einsamkeit

Tatsächlich ist es uns immer möglich,
uns daran zu hindern, ein klar
erkanntes Gut zu verfolgen oder
eine offensichtliche Wahrheit zuzugeben,
sofern wir es für gut dünken,
dergestalt unser freies Urteilsvermögen
unter Beweis zu stellen.

R. Descartes
(an P. Mesland, 1645)

Die Partie ist gespielt, gewonnen, aber bei richtiger Einschätzung niemals vorüber. De Gaulle betrachtete die in Jalta beschlossene Teilung der Welt als einen fragilen und nicht dauerhaften Zustand. Die Entwicklung des Kalten Krieges beurteilte er im Laufe der Zeit unterschiedlich, aber niemals sah er die Polarisation als endgültig und die beiden Blöcke als unauflöslich an. Folgerichtig verordnete er Frankreich schließlich die Abschreckung nach allen Richtungen, eine »Rundumabschreckung«. Er zweifelte an der Beständigkeit der Bündnisse, und er fürchtete die Unzuverlässigkeit der Zeitläufte.

Viele Zeitgenossen de Gaulles deuteten seine beharrliche Neigung, stets mit dem Schlimmsten zu rechnen, als eine Eigenheit seiner Persönlichkeit. »In unterschiedlichen Lebensaltern tauchten regelmäßig immer wieder Charles de Gaulles apokalyptische Visionen auf, gewannen die Oberhand. Der Krieg blieb das Gesetz der Spezies, die Welt schien ihm voller Unsicherheit, voller Ängste und Schrecknisse.« Oder eine andere Stimme: »Das gebannte Warten auf die Katastrophe.«

Als intimer Kenner der klassischen Autoren des 17. Jahrhunderts, der es mit den brillantesten Spöttern aufnehmen konnte, hätte de Gaulle seine Einschätzungen, die er nicht sehr originell fand, wohl kaum als visionär oder hypochondrisch bezeichnet. Die vielfältige Unordnung der Welt verdient einen nüchternen Blick und die Andeutung eines Lächelns, das zu Montaigne gepaßt und Voltaire mißfallen hätte. De Gaulle lehnte die naiven Illusionen der Zeit ab, die gegen seinen Willen seine Zeit war, die nicht an die Möglichkeit des Krieges glauben wollte und beim ersten Kanonenschlag in Fassungslosigkeit erstarrte. De Gaulle stützte sich auf seine Vernunft und seine Methode und kehrte dem allgemeinen Optimismus den Rücken.

Wer Pangloss widerspricht, muß indes nicht notwendiger-weise in apokalyptische Schwarzmalerei verfallen. De Gaulle berief sich auf die »Doktrin der Realität« und setzte sie phanta-stischen Dogmen und Utopien entgegen. Es fiel ihm leichter als anderen, die ideologische Konfektionsware des 19. Jahrhun-derts abzulegen, die so ganz und gar nicht seinem Format und seinem Geschmack entsprach. Der herrschenden Meinung hinkte er hinterher, aber dem Lauf der Geschichte eilte er vor-aus, und umstandslos stellte er fest, daß die kleine europäische Welt, die er schon immer für sterblich gehalten hatte, tot war. Er hatte keine Neigung zum Illuminatentum, aber er kannte die Aufklärer und bekannte sich zu ihrer Strategie: »Es ist sehr trau-rig, sich vorzustellen, daß die erste von Menschen erfundene Kunst die war, sich zu schaden, und daß seit dem Beginn der Zeit mehr Mittel ersonnen wurden, die Menschheit zu vernich-ten, als Mittel, um sie glücklich zu machen. Dennoch ist es eine von der Geschichte reichlich bewiesene Wahrheit. Mit der Welt sind die Leidenschaften entstanden. Sie haben den Krieg her-vorgebracht. Und mit dem Krieg kam der Wunsch zu siegen und den anderen erfolgreicher zu schaden, kurzum die Kriegs-kunst.«

Sehr früh schon fragte sich de Gaulle, welchen Sinn auf lange Sicht das Drama haben würde, in dem er jeden Augenblick un-terzugehen drohte. Gewiß war das Feuer zu wiederholten Ma-len von Deutschland ausgegangen, »von dem Land, von dem man sagen konnte, daß der Krieg seine Industrie gewesen sei«. Doch de Gaulle vermied sorgfältig den Mythos vom »Erbfeind« und ließ sich auf banale historische Gedankengänge über die an-geblich dämonische Bestimmung der germanischen Völker gar nicht erst ein.

In einer Rede in Oxford im November 1941 ging er wieder auf die zentrale Frage ein, die über den aktuellen Konflikt hin-ausreicht und nach einem höheren Sinn sucht: »Aber man muß sich fragen, ob in der Verbindung von Nazismus und deutschem Dynamismus nur der Zufall am Werk war, oder ob diese Begeg-nung nicht einem allgemeineren Übel entsprang, nennen wir es beim Namen, einer Zivilisationskrise.« Offenkundig muß die

Antwort »ja« lauten. Dunkel bleibt, was diese Antwort bedeutet. Wenn ein »allgemeineres Übel« diagnostiziert wird, dann liegt die Schlußfolgerung auf der Hand: Die Krankheit kann auch andernorts ausbrechen.

Es kann sich wiederholen, daß eine innere, eigenständige Entwicklung mit einer modernen praktischen und theoretischen Organisationsweise zusammentrifft, und es ist denkbar, daß andere Länder ihrer Kriegsindustrie alles opfern, um den Krieg zu ihrem einzigen Industriezweig zu machen. Die Sowjetunion unter Stalin ist ein Beleg, und nicht der einzige, für die Richtigkeit dieser Schlußfolgerung. »Kommunismus ist Krieg«, sagte Lenin. Und der Krieg bringt den Kommunismus hervor.

Der Kern des Arguments liegt darin, daß beiläufig unterschiedliche Dinge gleichgesetzt werden. »Den« Faschismus gibt es nicht, es gibt nur die heterogenen Ausprägungen des italienischen Faschismus, des Nazismus, des Franquismus und so weiter. »Der« Kommunismus existiert nur in seinen gegensätzlichen Erscheinungsformen in den verschiedenen Ecken der Welt, entstanden nach den Gesetzen der Fortpflanzung durch Teilung, wie de Gaulle es in *La Discorde chez l'Ennemi* beschrieben hat. In jeder Ausprägung zeigt sich die kriegslüsterne Grausamkeit des Totalitarismus in einer jeweils eigenen historischen Form der Brutalität. In einem Konzentrationslager der Nazis geschieht in einer dafür spezifischen organisatorischen Form Schreckliches, und jeweils anderes, aber genauso Schreckliches, geschieht im russischen Gulag, in einem chinesischen Umerziehungslager oder einem Schreckenslager in Kambodscha.

In unserer Zeit hat die Unmenschlichkeit zwei Gesichter: Die Maßlosigkeit des Zerstörungswillens und die Unbegrenztheit der dafür eingesetzten Mittel haben zur Folge, daß sie auf allen Kontinenten ähnlich aussieht, unabhängig davon, ob sie unter dem Banner des Faschismus, Kommunismus, Rassismus oder des religiösen Fundamentalismus daherkommt. Der jeweilige Entstehungsort und dessen Traditionen geben der Internationalen des Verbrechens ihren folkloristischen Anstrich, so daß jede landes- oder kulturtypische Erscheinungsform unvergleichbar mit den anderen für sich steht.

Die Geißel als solche

Eine grundsätzliche Grausamkeit hat gegenüber dem ideologischen Prinzip die Oberhand gewonnen und das nationale Prinzip zum Einsturz gebracht. Nach dem Ende des Kalten Krieges tritt nun zutage, was unter seiner Oberfläche schwelte: laue Allianzen und heiße Konflikte, ein unübersehbares über-, inner- und zwischenstaatliches Chaos, das wir fälschlicherweise gern als inter-nationales Chaos, als Chaos zwischen den Nationen, bezeichnen. Die Konfrontation der einstigen Blöcke ist auf einen Schlag zusammengebrochen, die Verwaltung des auf die Dimensionen des Planeten ausgedehnten Chicagos funktioniert nicht mehr, neue Blöcke mit einem noch ungewissen Schicksal sind im Entstehen begriffen und mischen im Kampf um die Nachfolge mit.

Ein Lager, das mit hochfliegenden Plänen angetreten war, löst sich auf und fällt in das gleiche Chaos zurück, das seiner Gründung vorausging. In den seltensten Fällen entstehen aus dem Zerfall Nationen, in der Regel sind es Staaten, kalte Monster, die mit politischen Souveränitätsansprüchen und militärischen Gelüsten ins Leben treten. »Ich weiß ebensogut wie Sie, was ein Staat ist mit seiner Geographie, seinen Interessen, seiner Regierungsform, seiner öffentlichen Meinung, seinen Leidenschaften, seinen Ängsten und seinen Irrtümern. Ein Staat kann einem anderen helfen, aber nie kann er sich mit einem anderen identifizieren. Deshalb werde ich, obgleich ich treu zu unserem Bündnis stehe, niemals einwilligen, daß Frankreich in die NATO einbezogen wird.«

Mit dem Wort »Geißel« verbindet sich für die Generation derjenigen, die in den Schützengräben gelegen haben, das Schaudern angesichts einer Prüfung, die ihre Väter und Großväter nicht erlebt haben. Hinter dem zivilisierten Krieg machten die Europäer etwas Entsetzliches aus, das seither ein Schreckensszenario geblieben ist. Es schiebt sich vor das Duell der Helden, durchdringt den Zorn Achills und die Unnachgiebigkeit Agamemnons. Es weckt in den Besten die drängende Begierde zu töten. Es kulminiert in der Zerstörung von Troja und der Ermordung seiner Bewohner. Als in der westlichen Kultur erstmals die Frage gestellt wurde, die sie von da an nicht mehr losließ, die Frage nach ihrer Gewalttätigkeit nämlich, entstand die *Ilias*. Das erste europäische Buch erfindet die Literatur, indem es, der Realität fünfundzwanzig Jahrhunderte voraus, das Szenario des ersten Völkermordes entwirft.

> Stell' Pyrrhos dir vor mit den Blicken der Wut,
> Bestrahlt von der brennenden Wohnungen Glut,
> Wie sein Weg über all meine Toten ihn führte,
> Vom Blute bedeckt er das Blutbad noch schürte,
> Wie der Sterbenden Schrei dem der Sieger sich mischt,
> Bis im Qualm er ersticket, unterm Schwerte verlischt!

Der dunkle Widerschein des brennenden Troja läßt den Wunsch nach einer unabhängigen atomaren Abschreckung laut werden unter Einschluß der Möglichkeit, daß dieses Potential auch eingesetzt wird. »Wir werden nötigenfalls das atomare Feuer auf unserem eigenen Territorium entzünden, um den Feind zu vernichten. Das ist der Krieg. Man darf nicht warten, bis es zu spät ist. Sie werden mir entgegenhalten, daß dies eine schwere moralische Verantwortung ist. Nun denn, meine Herren« – dabei schlägt sich de Gaulle an die Brust – »Sie sollen alle wissen, daß ich diese Verantwortung übernehmen werde.«

Wer die Bereitschaft bekundet, das schicksalhafte Zeichen zu geben, darf nicht ausweichen. Er kann auf die üblichen Ausflüchte verzichten, denen zufolge die Kunst der Abschreckung darin besteht, daß sie das zusammengetragene Arsenal überflüssig macht und das Ungeheuerliche, das durch sie erst möglich wird, ein für allemal ausschließt. Abschrecken heißt selbstverständlich, mit dem Äußersten drohen, um zu verhindern, daß es in die Tat umgesetzt wird. Die Aufforderung, wechselseitig die Katastrophe vorauszudenken, macht es unwahrscheinlicher, daß sie eintritt, aber niemals unmöglich.

Wenn die Realität der Gefahr geleugnet, abgestritten wird, verliert sie die abschreckende Wirkung. Wer sich mit Atomwaffen rüstet, muß, auch wenn er behauptet, daß er ihren Einsatz, wenn irgend möglich, vermeiden will, zumindest implizit erkennen lassen, daß er zu allem entschlossen ist. Jenseits diplomatischer Wohlanständigkeit und wahltaktischer Heuchelei nimmt man die Atombombe nicht ins Waffenarsenal auf, wenn man die Seele eines Chorknaben hat. »Drei solcher Bomben könnten bewirken, daß da, wo einst New York, London und Paris waren, innerhalb eines Augenblicks nur noch drei Krater ohne eine Spur von Leben wären.«

Die Welt reagierte auf die Auslöschung von Hiroshima mit Entsetzen, das aber sofort verstummte. Die europäischen Eliten wischten die Angst rasch beiSeite und lehnten jegliche Verantwortung ab. Schließlich bestimmten die beiden Supermächte das Gleichgewicht des Schreckens, Washington und Moskau waren allein für das nukleare Szenario zuständig, der Rest der Menschheit würde nur als Zuschauer beteiligt sein. Er war zur Tatenlosigkeit verurteilt, abgesehen von ein paar Pfiffen und gelegentlichem Beifall. Falls etwas schiefging, war angemessene Kleidung gefordert.

De Gaulle stand ganz allein mit der Forderung, Frankreich müsse im Rahmen seiner Möglichkeiten an den letzten Entscheidungen beteiligt sein. Man könnte seine Sturheit in diesem Punkt überholtem nationalistischem Stolz zuschreiben oder auch einer professionellen Deformation. Doch aus dem Rückblick wird deutlich, daß er die mit dem neuen Vernichtungsarsenal verbundene Verantwortung sehr weitsichtig erkannte. »Es ist eine Verantwortung vor der menschlichen Spezies, und diese Verantwortung geht unendlich weit über die Interessen und Ambitionen aller Regierungen und aller Nationen hinaus.«

Dieser Patriotismus hat nichts Exzentrisches. Wenn das Überleben der Menschheit auf dem Spiel steht, ist es nicht anmaßend, daß Frankreich ein Mitspracherecht verlangt. »Die Verteidigung ist immer die Grundlage der Politik. Wenn man sich nicht verteidigen will, wird man entweder erobert oder von anderen geschätzt.« Wenn die Strategie die allgegenwärtige Möglichkeit der Vernichtung der menschlichen Spezies enthält, kann man entweder »sich« opfern, oder man läuft Gefahr, geopfert zu werden, wann immer es dem anderen am Auslöseknopf in den Sinn kommt.

Da de Gaulles Blick durch keinerlei chauvinistische Anwandlungen getrübt wurde, fiel es ihm leicht, sich vorzustellen, daß andere Mächte genauso dachten und sich nicht der nuklearen Doppelherrschaft der USA und der Sowjetunion beugen wollten. Die Zeit lief weiter, die Techniken wurden weiter verbessert, die Zahl derjenigen, die zur massiven Zerstörung in der Lage waren, wurde immer größer.

Auf die Gefahr hin, daß wir uns die Sympathien der sensationsgierigen Chronisten und der Prediger der Apokalypse verscherzen, sei doch darauf hingewiesen, daß die Wirkung der absoluten Waffen sich nicht auf die Alternative »Alles oder Nichts« verkürzen läßt. Soweit ihre Existenz das internationale Kräfteverhältnis verändert hat, ist das langsam geschehen, als stufenweise Umgestaltung von Grund auf, beginnend im August 1914, fortgesetzt im August 1945 mit Hiroshima, und der Prozeß geht immer weiter als permanentes Beben unter der Oberfläche unserer flüchtigen Gewißheiten.

Die nukleare Frage ist grundsätzlicher als die Frage nach der Staatsform, auch wenn es sich um eine »schlechte«, totalitäre handelt wie in der Sowjetunion. Sie ist auch grundsätzlicher als die Frage nach der Nation, selbst wenn es sich um eine »gute« und demokratische handelt wie in den USA. Die Tatsache, daß beide in der Lage sind, Atomwaffen einzusetzen, macht das Wesen des Krieges und seiner modernen Erscheinungsformen in den drei Dimensionen weltweite Ausdehnung, totaler Charakter und moralischer Anspruch aus.

1. Die weltweite Ausdehnung

Wir haben gesehen, daß der Zweite Weltkrieg, getragen von der Unbegrenztheit der eingesetzten Mittel, von Anfang an über die Grenzen Europas hinausdrängte. Auch wenn sich Hitler darauf hätte beschränken wollen, die Festung Europa einzunehmen, so hätte er doch die Festung Amerika mit herausgefordert und gewissermaßen belagert. Die Internationalisierung der europäischen Konflikte wurde zunächst durch die wissenschaftliche und produktionstechnische Weiterentwicklung der Künste des Tötens befördert und erst in zweiter Linie durch die Aggressivität der einen und die Duldsamkeit der anderen beschleunigt. Die Produktions- und Destruktionsbedingungen haben die geopolitischen Grenzen aufgehoben und kulturelle, religiöse, regionale Unterschiede nivelliert. Der Gedanke, daß die Drohung mit der Vernichtung der Welt das Monopol einer Supermacht oder zweier Supermächte sein und bleiben könnte, war von Anfang an absurd.

2. Der totale Charakter

Der moderne Krieg ist insofern »total«, als das Vernichtungspotential beständig größer wird. Wie gewaltig es ist, ist seit langem offenbar, und mit den Atomwaffen triumphiert es endgültig. Blicken wir zurück auf die Abfolge der Neuerungen seit Einführung der Feuerwaffen, so sehen wir, daß der Anerkennung des absoluten Primats der Vernichtungsmöglichkeit eine Phase der notwendigen Inkubation vorausging.

Der Schluß kann nur lauten: Die Umkehr der Verwundbarkeit hat zur Folge, daß die bewaffneten Kräfte immer weniger in der Lage sind, die Unversehrtheit des »Hinterlandes« zu gewährleisten und die Zivilbevölkerung wirkungsvoll zu schützen. Jede Macht verteidigt sich mehr oder weniger auf dem Territorium ihres Nachbarn, indem sie glaubwürdig mit Intervention im Land des Gegners droht. Wenn die wechselseitige Vernichtung im atomaren Feuer als letztes Argument vorgetragen wird, dann führt das Gleichgewicht des Schreckens eine Logik auf ihren Höhepunkt, die gar nicht so unerhört ist, wie sie klingen mag. Schon vor langer Zeit zwangen die Kräfteverhältnisse Frankreich, einen strategischen Raum zu definieren, der größer sein mußte als der Duellplatz, größer als das eigene Territorium mit den durchlässigen Grenzen. »Wir sind nach Madrid, nach Berlin und Moskau vorgedrungen! . . . Wir sind selbstverständlich nicht nach London vorgedrungen! . . . Wir haben Krieg geführt in Europa, in Amerika, in Afrika, in Asien . . . Es gibt keinen Grund, warum diese Strategie (die Strategie Vaubans), die uns zu allen Zeiten vor allem geschützt hat, nicht in einer für das Nuklearzeitalter angepaßten Form beibehalten werden sollte.«

Fern dem Mythos der Maginot-Linie wurde Frankreich stets

außerhalb des französischen Territoriums geschützt. Seine Verteidigung setzt die unbegrenzte Bündnisfähigkeit und die unbegrenzte Möglichkeit zur diplomatischen und militärischen Intervention voraus. Die Präventivschlagkraft ist die dem Zeitalter der totalen Kriege angemessene Form der Verteidigung. »Total« heißt in diesem Zusammenhang totale Vernichtung.

3. Die moralische Dimension

Die Abschreckung ist insofern – und nur insofern – moralischer Natur, als die Beziehung des Menschen zur Conditio humana auf dem Spiel steht und die Frage nach den letzten Zwecken aufgeworfen wird. Welchen Preis ist das Leben wert? Wofür lohnt es sich zu sterben? Warum sollte man sich opfern? Solche ethischen oder teleologischen Fragen wurden sorgfältig vermieden oder vielmehr vernebelt, wenn die – meist amerikanischen – Experten und Politiker nach Hiroshima theoretisierten. Man interessierte sich nur für die Mittel, für das Waffenarsenal und die Möglichkeiten seiner Anwendung.

Die Debatte über Ziele und Zwecke überließ man den Kirchen. In den Forschungs- und Entwicklungslabors galt ein zweidimensionales Weltbild: Es gab zwei Mächte, zwei Lager, zwei Ideologien, einen Sieg, eine Niederlage und implizit eine gute Seite und eine böse. Von Amerika aus gesehen war Frankreich der überflüssige Dritte, der ein einfaches, klares Spiel durcheinanderbrachte. Von Paris aus gesehen war die amerikanische Betrachtungsweise in unzulässiger Weise vereinfachend, das allmähliche Entstehen weiterer Atommächte vorhersehbar, die vorübergehende Bipolarität nicht verläßlich.

Die Frage nach der letzten Souveränität ist freilich so wichtig, daß man sie nicht totschweigen darf. »Wenn ein Land wie Frankreich in die Lage kommt, daß es Krieg führen muß, muß das sein Krieg sein.« Berühmte Hollywood-Regisseure haben sich während des Kriegs gegen Hitler zusammengetan und eine Serie von Dokumentarfilmen mit hohem pädagogischem und antifaschistischem Anspruch gedreht unter dem Titel: »Warum kämpfen wir?« Um auf diese Frage eine Antwort geben zu können, rüstete sich Frankreich nach dem Zweiten

Weltkrieg mit den nötigen Mitteln und mit einer Doktrin der Abschreckung.

Freiheit oder Tod

Die Moralisierung eines zerstörerischen Waffenpotentials geschieht nicht ohne weiteres. Vor allem dann nicht, wenn man es ablehnt, einen potentiellen, stets wechselnden und stets neu erstehenden Gegner zu verteufeln. »Unsere atomare Bewaffnung muß definitionsgemäß nach allen Seiten gerichtet sein.« Eine »ungeheure Ungewißheit« umgibt die Identität des Gegners, die Wahl der Ziele, den Umfang der Operationen, den Gegenstand der Auseinandersetzung. Wie kann Verteidigung aussehen angesichts der Möglichkeit der gegenseitigen Auslöschung im nuklearen Feuersturm? »Die atomare Bewaffnung . . . ist zugleich eine schreckliche Realität und ein ewiges Dilemma.«

Was ist der Sinn? Durch die Asche von Hiroshima wird die Frage auf die Spitze getrieben. Sie ist klar und eindeutig: Was für einen Sinn hat es, alles zu opfern, wenn nichts übrigbleiben wird? De Gaulle registriert mit Verwunderung, daß er wie die anderen gemeinen Sterblichen auch reagiert. »Ich war zwar nicht überrascht, aber ich spürte doch die Versuchung zu verzweifeln angesichts eines Mittels, das es womöglich den Menschen gestatten würde, die menschliche Rasse zu vernichten.« Die Intellektuellen der damaligen Zeit haben angemerkt, daß von diesem Tag im August 1945 an der Mensch frei erschien, weil er die Freiheit erlangt hatte, sich selbst ein für allemal verschwinden zu lassen. De Gaulle nahm die Nachricht von der Atombombenexplosion mit einem Gefühl schmerzvoller Gespaltenheit auf, das viele mit ihm teilten. »Diese Bombe verkürzt den Krieg. Soviel muß man ihr für den Augenblick zubilligen. Nun müssen wir dafür sorgen, daß sie nicht zur Katastrophe für die Welt wird.«

Waffen enthalten immer – wie in *Le Fil de l'Epée* ausgeführt – »das Beste und das Schlimmste«. Die Bombe kristallisiert die Kriege für immer in den drei Dimensionen – global, total, moralisch – der Moderne, sie treibt die ursprüngliche Ambivalenz auf die Spitze, sie ist Geißel und Gegenmittel. Die Würgeengel haben nicht auf sie gewartet, um mit ihrem Feuer zu drohen. Sie werden auch nicht geduldig weiter warten, um die Verbindung ihrer nihilistischen Energie mit den entsprechenden Eigenschaften des Atoms heimlich zu vollziehen.

De Gaulle denkt über die atomare Feuersbrunst wie Clausewitz über die Vernichtungsschlacht, die Napoleon erfand und die ihn überlebte: Wenn die Sache einmal stattgefunden hat und technisch weiterhin durchführbar bleibt, muß man davon ausgehen, daß sie prinzipiell möglich ist und auf das Schlimmste gefaßt sein. Clausewitz sann darüber nach, mit welcher Strategie die Armeen aufeinandergeführt werden müßten, damit keiner der potentiellen Gegner ein Interesse daran hätte, die Feindseligkeiten zu eröffnen. Drohung gegen Drohung, damit die Abschreckung die Geißel gegen sich selbst wendet. Wer sich zum höchsten Risiko bereit erklärt, schiebt die Frage »Was ist der Sinn?« dem potentiellen Angreifer zu und lähmt so seine Vorbereitungen.

Ungeheuerlich bedeutet unermeßlich. Das Gleichgewicht des Schreckens und seine »ungeheuerliche Unsicherheit« entziehen dem einstigen Gefühl von Unsterblichkeit den Boden. Die Abschreckung garantiert keinen soliden, stabilen, ewigen Frieden. Sie verdammt zum Zögern in der Hoffnung, daß die Gegner noch länger zögern. Sie schneidet den Zugriff auf die Ewigkeit ab und nährt den Zweifel, daß man es über lange Zeit ertragen kann, an den höchsten Werten, den tiefsten Leidenschaften und den heiligsten Überzeugungen zu zweifeln – ein Zweifel, den sie selbst geweckt hat. In den letzten Aufzeichnungen des Vaters der französischen Atombombe klingt das Wort von Nietzsche nach: »Nichts hat einen Wert, nichts geschieht und doch ereignet sich alles, aber das ist gleichgültig.« Die Abschreckung entschärft den Schrecken, den sie verbreitet, und ist damit im voraus ein Wort zur Bezeichnung dessen, was es zu retten gilt.

Sterben wofür? »Ich frage mich sogar, ob heute überhaupt etwas noch der Mühe wert ist.« Die Regel des Abschreckungsspiels unterstellt, daß im Falle der Katastrophe »alles« im atomaren Feuer verglühen wird, alles Materielle, aber vielleicht auch alles Spirituelle. Was ist dieses »alles«? Auf den ersten Blick handelt es sich um die Gesamtheit der profanen Besitztümer, um die gestritten wird. An welchem Punkt erkennen Verbündete und Gegner, daß eine solche Gesamtheit ein gemeinsamer Besitz ist? Womöglich erkennen sie es erst im Augenblick der Vernichtung. Im Angesicht des »Nichts« erkennen sie, daß sie alles verlieren können. Die Möglichkeit, das »Nichts« zu denken, ist die Voraussetzung, um »alles« wahrzunehmen. Die Gesamtheit der Dinge, der Menschen, der Gefühle, die das Leben ausmachen, läßt sich nur mit der Elle des vollständigsten aller Tode ermessen. In der Vorwegnahme der totalen Vernichtung werden wir gewahr, daß wir etwas zu verlieren haben.

»Alles, worauf sich seit Anbeginn der Schöpfung das Bemühen, das Gefühl, der Glaube, die Hoffnung der Menschen richten, Ideen, der Fortschritt, Unternehmungen, die Liebe, Familie, Vaterland, Überzeugungen, all das hat möglicherweise morgen keinerlei Wert und nicht die geringste Bedeutung mehr.« Halten wir fest: »möglicherweise«. Wir überschreiten die Schwelle vom Allgemeinwohl zum allgemeinen Risiko. Unter der Voraussetzung, daß wir die Folgen auf uns nehmen.

VII. Krisenzeit

Vor allem war ein sehr
bezeichnendes Symptom
der Katastrophe zugleich
Ausdruck einer bestimmten
ideologischen Lage: das völlige
Gewährenlassen gegenüber
den an der Staatsmaschine
stehenden Gruppen von
Spezialisten, so daß man wie
im Schlafwagen fuhr und erst
durch den Zusammenstoß
erwachte.

Robert Musil
Das hilflose Europa oder
Reise vom Hundertsten
ins Tausendste

De Gaulle vergessen heißt seine große Entdeckung ausblenden, daß der Krieg wieder zur Geißel geworden ist. Da der große Feuersturm nicht stattgefunden hat und allem Anschein nach nicht stattfinden wird, meinen viele, auch solche, die sich Gaullisten nennen, die Zeit sei gekommen, wo man sich in Ruhe zurücklehnen könne, wo die Krieger von gestern in den Ruhestand treten und die Nichtkombattanten von morgen sich dem süßen Nichtstun hingeben dürfen. Die Vereinigten Staaten, allen voran ihre militärische Führung, sind nur dann zu einem Krieg bereit, wenn es (auf amerikanischer Seite) garantiert keine Toten gibt. Die Europäische Union plant bereits für die Zeit, in der es garantiert keine Kriege mehr gibt, und ist dabei blind für die Kriege vor ihrer Haustür.

Sind wir also die Sorge los, daß alles schlagartig vorbei sein könnte? Fünfzig Jahre Frieden unter dem »nuklearen Schutzschirm« haben angeblich bewiesen, daß das Schlimmste etwas sehr Gutes hervorbringen kann. Zu Anfang war die Abschreckung eine Art Versicherung für den Todesfall, das tragische Versprechen, daß unsere letzte Stunde uns gehört, unabhängig davon, was geschieht, sie war Ausdruck der Bereitschaft, einen hohen Preis dafür zu zahlen, daß wir ein Recht auf Mitsprache erlangen und nicht stumm dastehen müssen, wenn der letzte Vorhang fällt.

Unmerklich hat sich die atomare Bedrohung zu einer Lebensversicherung gewandelt. In den siebziger Jahren träumten die Europäer ebenso naiv vom ewigen Frieden, wie sie in der Zeit vor AIDS davon gesprochen hatten, daß eines Tages die Krankheiten endgültig besiegt sein würden, und wie sie vor dem dramatischen Anstieg der Arbeitslosigkeit mit Vollbeschäftigung für alle Zeiten gerechnet hatten. Zwei Generationen wundersam Geretteter überließen es Washington und Moskau, künftig für die Ruhe zu sorgen, die sie ein für allemal errungen glaubten. Ein Jahrzehnt später ging Amerika noch einen Schritt weiter und ließ sich von der Aussicht auf einen Schutzschild im Weltraum faszinieren, der die freie Welt endgültig metaphysisch unverwundbar machen sollte. Mit dem Zerfall des Sowjetreichs erreichte die allgemeine Euphorie ihren Höhepunkt: kein Feind mehr, keine Herausforderung, keine Gefahr!

Der weltweite Konflikt ist nur noch eine böse Erinnerung, die Abschreckung triumphierte so weitgehend, daß sie sich, so meint man, selbst überflüssig gemacht hat. Da es keine Ziele mehr gibt, die das Aufgebot der Abschreckungskräfte verlangen, ist die Drohung mit ihr aus der Mode gekommen, ihre riesenhaften Fittiche hindern sie daran zu drohen. »Wir haben euch einen schönen Streich gespielt«, hielt Arbatow, politischer Berater Gorbatschows, der letzten Nummer eins der verblichenen Sowjetunion, dem Westen vor, »wir haben euch den Feind genommen.« Der Satz trifft ins Schwarze. Man glaubt ihm aufs Wort. Da niemand mehr da ist, der Krieg führen will, verschwindet das Böse, und in die Hütten kehrt der Friede ein.

»Wer kann wen abschrecken? Wovor? Unter welchen Bedingungen? Und wie?« fragte einst Raymond Aron. Die Bipolarität zweier antagonistischer Blöcke bot dafür eine bequeme Lösung. Sie ermöglichte einerseits die Unterscheidung zwischen Regionen, die der doppelten Bedrohung ausgesetzt waren, allen voran Europa, und andererseits entlegenen Teilen der Welt, die sich für die regional begrenzte Konfliktaustragung eigneten. Die beiden Blöcke hielten sich gegenseitig in Schach, indem sie den Planeten viertelten und so ein Gleichgewicht schufen, dessen Fragilität zur Vorsicht mahnte und dessen Instabilität Krisen nährte. Die feindlichen Brüder waren durch feste Spielregeln aneinandergekettet.

Wer, was, wo, wann, wie? Fast ein halbes Jahrhundert lang fanden die Strategen in ihrem Zögern die Antwort auf diese Fragen in einer dreifachen Begrenzung der Abschreckung: erstens durch die beschränkte Zahl der Beteiligten und die Vorherrschaft der beiden Großen; zweitens durch die bilaterale Auswahl von Waffen, die als entscheidend angesehen wurden, denen man zutraute, daß sie den »Kalten Krieg« atomar einfrieren konnten, wobei begrenzte Krisen und lokale Konflikte unter der Oberfläche verborgen blieben; drittens durch die gemeinsame Einschätzung und Klassifizierung der größten Risiken.

Die Abschreckung als neue Maginot-Linie?

Das potentielle atomare Duell der beiden Supermächte hat den Rahmen vorgegeben, innerhalb dessen Akteure, Mittel, Anwendungsmöglichkeiten, wechselseitige Anerkennung von Sanktuarien, Gewinn- und Verlustaussichten kalkuliert wurden. Nach dem Zusammenbruch des einen Pols löst sich das gesamte Raster auf. In Ermangelung eines klar identifizierbaren Feindes geraten die Allianzen ins Wanken, und die Programme verschwimmen. Das Wettrüsten ist eine Sportart, die man schlecht allein betreiben kann. Die Auflösung der Sowjetunion hat die Strategen in ein Dilemma gestürzt, das General Poirier sehr klar beschrieben hat. Gestern, bemerkt er mit einem Anflug von Melancholie, hätten noch klare Verhältnisse geherrscht: »Die Starrheit des bipolaren Systems, die Atmosphäre des permanenten Konflikts mit einem klar definierten Gegner, die Existenz der alles entscheidenden Atomwaffen . . . waren einleuchtende Fixpunkte.« Heute indes sei es mit den »klaren Bezugspunkten« und den eindeutigen Kriterien vorbei. Die »Jahrzehnte intellektueller Bequemlichkeit« seien vorüber. Festzustellen sei die »Theorielosigkeit« der offiziellen Beschwörungen: »Der Begriff Abschreckung ist zum Alibi für Untätigkeit geworden . . ., er hat jegliche praktische Bedeutung verloren.«

Die einstige allgemeinverbindliche Lesart ist zu einer frommen Formel verkommen, deren beruhigende Wirkungen man dazu einsetzt, »die Dämonen der bewaffneten Gewaltanwendung« auszutreiben. Mit einem Konzept, das diffus und vage ist, weil man es seines präzisen, klar umrissenen Inhalts beraubt hat, wird willkürlich irgend jemand von allem und nichts abgeschreckt, mit beliebigen Mitteln, mal atomar, mal klassisch, mal

117

mit Polizeigewalt, mal wirtschaftlich oder auch mal mit Gefühlen. Man wiederholt immer wieder die einst allmächtigen Drohungen und versichert zugleich, daß sie niemals in die Tat umgesetzt würden. Die Rhetorik der Abschreckung verschleiert geschickt »das vorherrschende gegen den Krieg gerichtete Denken« und den Wunsch, still in der Ecke zu sitzen.

Die Liste der potentiellen Protagonisten weltweiter Konflikte umfaßt heute nicht mehr nur ordnungsgemäß erfaßte Staaten, die mehr oder weniger in feste Blöcke eingebunden sind. »Heute kann jeder beliebige Akteur vom anderen Ende der Welt allein durch seinen inner- oder zwischenstaatlichen Status zum strukturellen, dauerhaften und für die legitimen Regierungen oft unkontrollierbaren Störenfried werden . . . « Neue Arten von Akteuren (religiöse Bewegungen, mafiaartige Organisationen, bewaffnete ethnische Gruppen) kämpfen mit neuartigen Mitteln (Terrorakten, Geiselnahmen, Raubzügen), die noch keinen Platz im allgemein anerkannten Kanon der Eskalation gefunden haben.

Zur ausufernden Zahl der Täter und der Vielfalt der eingesetzten Mittel kommt die Heterogenität der Ziele hinzu – die »vitalen Interessen« sind verschieden, und die »Kosten-Nutzen-Rechnungen« fallen sehr unterschiedlich aus, je nachdem, ob jemand sich als Mad Max in Mogadischu aufführt oder als Fünf-Sterne-General im Pentagon sitzt.

An dieser Stelle muß auf einen Mangel hingewiesen werden: Die Realität ist allem Anschein nach nicht mehr unter strategischen Gesichtspunkten zu deuten, die Welt wird zum Chaos, »Unberechenbarkeit« ist das hervorstechendste Merkmal des neuen »Systems«, falls man das allgemeine Durcheinander überhaupt in dieser Weise bezeichnen kann. Der Experte kapituliert: »Welche Warte soll man beziehen und welche Analyseinstrumente einsetzen in diesem Zustand äußerster Konfusion und diffuser Informationen über ein globales System von Akteuren, die in unterschiedlichen Zeiten und an unterschiedlichen Orten beheimatet sind, um einen Überblick über ihre jeweilige Situation und ihre derzeitigen Beziehungen zu erlangen, um die in der regionalen und globalen Entwicklung wirksamen Faktoren zu identifizieren und zu bewerten?« Der Stratege resigniert und spricht von Ambivalenz, Inkohärenz, Vieldeutigkeit, Komplexität, Stammesstrukturen, archaischen oder pathologischen Strukturen, von Balkanisierung. Doch all diese Begriffe lösen sein Dilemma nicht, sondern verwirren ihn noch mehr durch das vielstimmige Echo, das in seinem Kopf widerhallt.

Erleben wir das Ende der Abschreckung, oder, kürzer und präziser ausgedrückt, erleben wir, daß eine Illusion sich auflöst, die von ihr schmarotzte?

Nach de Gaulle begann man davon zu träumen, daß »die Identifikation von Theorie und Praxis in der Strategie der Abschreckung erstere der Aufgabe enthob, von letzterer einen Beweis ihrer Gültigkeit zu verlangen«. Was für ein betörender Aberglaube, daß es eine allmächtige Theorie geben könnte, für die »Sagen« gleichbedeutend wäre mit »Tun«! Die Erschütterung aller Grundlagen durch den Fall der Mauer bringt den Metastrategen allmählich auf den Boden zurück. Auf einmal sieht er sich wieder mit dem Unvorhergesehenen und Unvorhersehbaren konfrontiert.

Der Soldat von Valmy ahnte die Ungeheuerlichkeit von Wagram und von Austerlitz nicht voraus; die frisch Einberufenen aus Charleroi waren auf die Schrecken von Verdun nicht vorbereitet; die Heimatlosen des Juni 1940 konnten sich die Leichenberge von Stalingrad und die Massengräber von Dresden nicht vorstellen. Demgegenüber würde die Atombombe, so meinten die Ultratheoretiker und die Hypertechniker, die Ungewißheit abschaffen, das rationale Kalkül retten und eine eindeutige, allgemeinverständliche Sprache einführen. De Gaulles Beunruhigung setzten sie die Gewißheiten eines strategischen Zaubertricks entgegen. Sie glaubten, das radikal vernichtende Potential der kriegerischen Beziehung verwandle sich, sei, *ipso facto*, in dem Augenblick, wo es unmißverständlich zutage trete, auch bezwungen.

»Die Bombe hat zur Folge, daß die Gesetze der dunklen Bereiche des kollektiven Unbewußten ins helle Bewußtsein der Völker, ihrer Politik und ihrer Strategie dringen.« Mit anderen Worten: Wo das »Es« irrationaler Konflikte war, soll das »Ich«

hellsichtiger Strategie werden. Die List der Vernunft im Nuklearzeitalter führt zu dem erhabenen Standpunkt des Weisen, der alles überblickt und niemals überrascht ist, der »das ganze Spektrum der Konfliktzustände« beherrscht und sogar »die Ausdehnung der Strategie auf alle im Krieg befindlichen Staaten« verspricht.

Eine solche geradezu göttliche Allwissenheit, die sich selbst als »metastrategisch« bezeichnet, ist das erste Opfer, wenn die Grundlagen nicht mehr tragen. Nachdem die Ausflüge ins Tranzendente vorüber sind, muß sich der Stratege die Mühe machen, die theoretische Skizzierung möglicher Abschreckungskonstellationen mit den tatsächlichen Konfliktregionen zu vergleichen. Wenn man sich erst einmal von den theoretischen und technischen Phantasiegebilden der vergangenen Abschreckungsszenarien verabschiedet hat, stellt sich die Frage, was von den durch die Möglichkeiten zur massiven Vernichtung ausgelösten Reflexionen bleibt?

Nur unsystematisch und widerwillig kehrt man zur Realität der tatsächlichen Konflikte zurück. Der Theoretiker gibt nur mit Wehmut den liebgewordenen Gedanken auf, daß er den Kreislauf der vorhandenen Schlachten beherrschen und mit dem Einsatz eines wundersamen Schutzschirms etwas erreichen kann. Doch kein aufmerksamer Beobachter wird dem Satz zustimmen, daß die Abschreckung heute noch so funktionieren kann wie früher, wo sich doch die Gegner, die Waffen und die Ziele immer deutlicher verändern. Denken wir nur einmal über das Ausmaß der scheinbaren und tatsächlichen Veränderungen und ihre Auswirkungen auf die gegenwärtig stattfindende diplomatisch-strategische Revolution nach. Einer gleichen Revision muß die französische Variante der Abschreckung unterzogen werden. Haben wir es mit einem Anachronismus zu tun, der seine Wurzeln vermeintlich im Chauvinismus hat, oder vielmehr mit der warnenden Vorwegnahme einer multipolaren Situation?

Rechtfertigt die Unberechenbarkeit der Zeitläufte eine Rundumabschreckung mit relativ bescheidenen Mitteln? Welche Spiele um Leben und Tod wird die Menschheit noch anzetteln? Jenseits der Nuklearwaffen ist Abschreckung im Sinne de Gaulles Ausdruck eines geistigen Widerstandes, der zu rasch aufgegeben wurde.

Der seines totalen Charakters entkleidete Krieg

Die Mannigfaltigkeit der gegenwärtigen Konflikte, ihre regionale Einfärbung, ihre historischen und geographischen Besonderheiten, die ihren spezifischen Charakter ausmachen, verbieten eine Vereinheitlichung. Auf den ersten Blick sieht es so aus, als ginge jeder Auseinandersetzung ein Zusammenprall von räumlichen und zeitlichen Gegebenheiten voraus, das heißt von sich über lange Zeit fremd gebliebenen Kulturräumen, die künftig gezwungen sind, sich zu vermischen. Bei genauerer Betrachtung zeigen sich verblüffende Ähnlichkeiten und Wechselwirkungen zwischen Explosionen an entgegengesetzten Polen. Die Vorgehensweisen und die Erscheinungsformen lassen vermuten, daß es weltweite Konstanten gibt, die zwar verschlungene und komplexe, aber letztlich universelle Bruchlinien hervorbringen.

Experten, die rasch mit einer Erklärung bei der Hand sind, zählen demographische, wirtschaftliche und soziokulturelle Disparitäten auf, die gemeinhin als die tiefere Ursache von Konflikten gelten. Armut, Unterdrückung und Ungleichheit hat es seit den prähistorischen Zeiten der »Überflußgesellschaften« immer reichlich gegeben. Sie schaffen Spannungen, aber sie bieten keine hinreichende Erklärung dafür, wie die Spannungen zum Ausbruch kommen. Der Leidenschaft bei der Suche nach »Ursachen« liegt die Annahme zugrunde, wenn es nur gelänge, diese oder jene traurigen oder schlimmen Zustände zu beseitigen, würde der Krieg mit ihnen verschwinden.

Der Krieg geht den einzelnen Ursachen voraus, die man ihm zuschreibt, denn es gilt: »Der Krieg aber selbst bedarf keines besondern Bewegungsgrundes, sondern scheint auf die menschliche Natur gepfropft zu sein.« An dieser Stelle lassen wir es bewenden mit der Feststellung, daß es schlimme Zustände gibt, die Menschen bedrücken, und daß sie heute wie gestern reichlich Gründe dafür liefern, sich aufzulehnen. Sie bieten eine Fülle von Vorwänden zum Angriff und Rechtfertigungen für die Verteidigung.

Wenn man die Quellen der menschlichen Raserei austrocknen will, muß man die Raster eruieren, in denen sie sich manifestiert und nach welchen man sie beherrschen kann. Der Kalte Krieg ist vorüber. Das bipolare System ist implodiert. Mehrere Paradigmen werden als Nachfolgemodelle für die »Logik der beiden Blöcke« vorgeschlagen, zur Abgrenzung der neuen Lager sowie zur Neudefinition der Konfliktpunkte und der Art und Weise, wie die Konfrontation ausgetragen wird. In der wichtigen Literatur, die seit dem Fall der Berliner Mauer insbesondere in den Vereinigten Staaten erschienen ist, werden im wesentlichen fünf geopolitische Positionen vertreten: Darstellungen der Weltkarte entlang bestimmter Konfliktlinien.

1. Die Konfliktlinie Zentrum – Peripherie
Die Niederlage der Nazis und der Zusammenbruch des Sowjetkommunismus kündigten vielleicht nicht das Ende der Ideologien an, aber doch das Ende derjenigen, die mit Waffengewalt die Weltherrschaft erobern wollten. Der offene Kampf um die Vorherrschaft auf unserem Planeten erforderte die möglichst vollständige Mobilisierung der Menschen und der Ressourcen. In dem Maße, wie das Dominanzstreben seinen globalen Charakter verloren hat, haben die Kämpfe ihren totalen Charakter verloren. Es geht nicht mehr darum, daß einer allein mit einem Schlag zum Weltherrscher wird. Die Beschreibung dieser ganz neuen Erscheinung des Zusammenschrumpfens ist, in einer nicht sehr gelungenen philosophischen Einkleidung, der Kern des Buches von Francis Fukuyama. London, Berlin, Paris, später Washington und Moskau stritten das gesamte 20. Jahrhundert hindurch um ein Zepter, das in den derzeitigen Konflikten keine Rolle mehr spielt. Die Bruchlinie verläuft heute nicht mehr zwischen zwei Blöcken, sondern zwischen einem relativ sicheren multipolaren Zentrum und den sich in verstreuten Ecken der Welt in permanenten Turbulenzen befindlichen Regionen der

Peripherie. Auf der einen Seite beobachten wir »die wachsende Homogenisierung der Menschheit«, auf der anderen Seite wachsenden »Widerstand gegen diese Homogenisierung und parallel dazu ein neues Pochen auf Identität«. Ist es in Anbetracht dessen angemessen, die frohe Botschaft eines Friedens zu verkünden, der »das Ende der Geschichte« heißt? Bestehen tatsächlich nur kleinere, unbedeutende Konflikte fort, eine Art Revolte in den Vorstädten? Man kann mit gutem Grund daran zweifeln.

Das weit verbreitete Gefühl, die Ideologien befänden sich in Auflösung, täuscht. Leidenschaften, Träume und Haß bewegen die Menschen weiterhin. Nur die Art, wie der Fanatismus zum Ausdruck gebracht wird, hat sich verändert. In gewisser Weise ist es ein Fanatismus ohne Gehirn geworden. Die Fanatiker behaupten nicht mehr – oder noch nicht –, der Kopf der Menschheit sein zu wollen. Sie geben sich damit zufrieden, über einen Rumpf zu herrschen, über eine auserwählte Gemeinschaft von Getreuen, eine ethnische Gruppe, eine Rasse und so weiter. Die Niederlage des Faschismus und des Kommunismus hat das ideologische Fieber offensichtlich abgekühlt, und nun streitet man wieder um strategische Positionen aus früheren Zeiten. Es geht erneut um Bastionen, die man schon früher hochgehalten hat; auf ihnen weht die Fahne der Religion, des Chauvinismus oder der Rasse.

Die fundamentalistischen Bewegungen, die heute von sich reden machen, haben alle zum Ziel, eine Gruppe von Menschen gegen die Umwelt abzuschließen, sie vom jeweiligen Zentrum zu isolieren, und um ihr in der Peripherie gelegenes Stück Land herum tatsächliche oder symbolische Mauern zu errichten. Mit Zensur und Fanatismus, ethnischen Säuberungen und Terror wird eine »pädagogische Provinz« bewacht und kontrolliert und vom angeblich verderblichen Einfluß der weltweiten Verbreitung von Ideen, Gefühlen, Bekenntnissen und Informationen abgeschnitten.

Zu Beginn des 19. Jahrhunderts dachten deutsche Denker zur Abwehr der vermeintlich schädlichen und korrumpierenden Einflüsse von London und Paris über die Isolierung ihres Landes nach. Fichte forderte den »ökonomisch geschlossenen Staat« und wollte Deutschland vor allem kulturell unter eine Glasglocke stellen, über das damit einhergehende Ausmaß an wirtschaftlicher Protektion sollte noch verhandelt werden. Im selben Geist akzeptieren die faschistischen und fundamentalistischen Bewegungen unserer Gegenwart oft ein erhebliches Maß an wirtschaftlichem Liberalismus, während sie zugleich ihren politischen und moralischen Rigorismus keinen Millimeter weit lockern. Da der ideologische Ehrgeiz der heutigen Despoten nicht mehr dahin geht, daß sie Herren der Welt werden wollen, genügt es ihnen, wenn sie ihre jeweilige Gruppe einsperren und sich zu deren allmächtigem Kerkermeister erklären.

Freilich gilt auch für die militanten Glaubensbekenntnisse unserer Zeit, daß sie sich gern mit Geschichten schmücken: zum Beispiel mit der Geschichte vom Volk Gottes und seines heiligen Krieges oder mit der Geschichte eines Bürgerkriegs, der 1389 im Kosovo ausgebrochen sein soll. Umgekehrt träumen sie nicht mehr davon, daß die Menschheit einmal ein endgültiges Ziel erreicht, sei es im tausendjährigen Reich der Nazis oder in Stalins »Reich der Freiheit«. Offensichtlich sind die Ideologien, die das universelle Ziel der universellen Geschichte ansteuerten, verschwunden. Die Detotalisierung der Konflikte, die Fukuyama ganz richtig beschreibt, birgt freilich nicht das Happy-End, das er darin sieht, sondern sein genaues Gegenteil. Wir erleben zur Zeit das Ende der Ideologien vom Ende der Geschichte.

Wir versinken in der polymorphen Intoleranz einer Geschichte ohne Frieden und ohne Ziel.

Das Karussell der Vorwürfe hat sich rasch wieder zu drehen begonnen. Sind im »rationalen« Universum der Insider nicht die Outsider ausgeschlossen? Man hilft ihnen, und dann unterjocht man sie; wer sie unterstützt, muß sich die Kritik anhören, er fördere ihre Unterentwicklung. Das dualistische Schema wird einfach umgedreht, wie bei einem Handschuh stülpt man das Innere nach außen. Die Peripherie ist aufgerufen, sich gegen das Zentrum zu erheben, der Süden gegen den Norden, die Schuldner gegen die Gläubiger. Von General Aidid (dem Herrscher über die Hälfte von Mogadischu) bis zu Jacques Derrida (Paris/Boston) stellt jeder bewaffnete oder diplomierte Prophet bereitwillig Fukuyama vom Kopf auf die Füße und die Welt an ihren Platz, wie einst Marx und Bakunin Hegel herumdrehten und seine Lehre umwendeten. In träger Gewohnheit setzt man der neuen Weltordnung, die per Fax vom Weißen Haus aus verkündet wird, die in den benachbarten Universitäten liebevoll gehegte Idee einer »neuen Internationale« entgegen. Ausgeschlossene aller Länder, vereinigt Euch! So zuckt die Ideologie. Die Schlichtheit der Parolen kaschiert das Fehlen von Konzepten. Auf einen fundamentalistischen Stil folgt sogleich ein anderer. Auf die politischen Religionen mit marxistischer Sauce folgt die Politisierung der Religionen, die neue Krisen auslöst.

Die unverbesserlichen Optimisten, die voraussagen, daß eines Tages alle Brände erstickt und bis auf kleine Kartoffelfeuer eingedämmt sein werden, wären besser beraten gewesen, wenn sie vor der Lektüre von Hegel erst einmal Kant studiert hätten. Dort hätten sie dann erfahren, daß es »negative Größen« gibt, die unabhängig von allem anderen existieren, daß Tod und Elend »etwas Bejahendes« sind, daß »z. E. Fallen nicht bloß vom Steigen so unterschieden sei wie non a und a, sondern eben so positiv sei als das Steigen . . . « Sie hätten daraus die Schlußfolgerung ziehen können, daß, wenn auch der Wille, die Welt zu beherrschen, verloschen sein mag, immer noch der Wunsch übrig sein kann, sie zu zerstören.

In dem Bestreben, die Zentren zu vernichten, drückt sich die Versuchung der am Rand Stehenden aus, aus der Randposition herauszutreten, indem sie sich gegen alles erheben.

»Allenthalben, wo ein positiver Grund ist und die Folge ist gleichwohl Zero, da ist eine Realentgegensetzung«, könnte in Anlehnung an den Philosophen aus Königsberg der »Zerstörer« sagen, der vom Sturm auf das Zentrum träumt. Er demonstriert nicht mehr für eine Sache, die größer ist als er selber, er verwirklicht sich in der Zerstörung. Die großen Ideologien, ob sie nun im Himmel verankert sind oder auf Erden, kommen und gehen, ohne daß sie eine dauerhafte Wirkung auf die unvorhersehbare Bereitschaft zur Rebellion haben. Re-bellare: zum Krieg zurückkehren. Die alten Römer bezeichneten einen Gewaltausbruch ohne Plan und Ziel als »Tumult« und trugen in der sprachlichen Unterscheidung der Tatsache Rechnung, daß die Geschichte niemals endet, allenfalls ein böses Ende nimmt.

2. Die Unterscheidung von drei strategischen Zeitaltern

Die modernen Strategen wollen nicht glauben, daß ein Verblassen der Ideologien dazu führt, daß das Kriegsgeschehen seinen totalitären Charakter verliert, und stellen statt dessen die umgekehrte Korrelation her: Die Tatsache, daß es aus der Mode gekommen sei, nach der Weltherrschaft zu greifen, spiegle eine grundlegende Veränderung in den Techniken der Kriegführung wider. Vorausgegangen sei der Zerfall der Weltreiche und der imperialistischen Ambitionen. Die Operation »Wüstensturm« zeige, wie obsolet die konventionelle Taktik geworden sei. Wer noch einen Schritt weiter geht, der glaubt in dem ungleichen Kampf zwischen dem Irak und den USA unter der Flagge der Vereinten Nationen den Zusammenprall zweier Epochen zu erkennen, der Epoche der industriellen Kriegführung von gestern und der mentalen Kriegführung mit den Mitteln der Informatik von morgen.

Alwin und Heidi Toffler bringen eine bei den militärischen Führungsspitzen sehr verbreitete Denkweise auf den Punkt und ziehen eine fast schon bis zur Gleichsetzung reichende Parallele zwischen der wirtschaftlichen und der strategischen Entwicklung. Dem Zeitalter der Massenproduktion entspräche demnach die massenhafte Zerstörung, das heißt der industriell geführte Krieg unter Mobilisierung der Bevölkerung. Diese Art der Kriegführung sei mit der Neuzeit entstanden und sterbe nun allmählich aus. Wir leben am Beginn eines Informatikzeitalters, das einen vollkommen neuartigen Waffengebrauch ermöglicht: Es geht nicht primär darum, den Gegner zu vernichten, sondern ihn zu lähmen. Kommunikationssysteme und Kommandozentralen sind die bevorzugten Ziele präziser, begrenzter militärischer Schläge.

Der Verweis auf die Hypertechnisierung der Waffen und der Menschen löst die angebliche Entideologisierung als Begründung, warum das Zeitalter der totalen Kriege endgültig vorüber sein soll, als Argument ab.

So mögen denn die gesegneten Zeiten von »Schlachten ohne Blutvergießen« anbrechen! Es lebe der durch »nicht tödliche« und »intelligente« Waffen abgesicherte Friede! Aus der Utopie einer allgemeinen, auf technische Überlegenheit gegründeten Befriedung spricht die gleiche Illusion wie aus der Hoffnung früherer Zeiten, das Schießpulver werde eine derart starke rationale Kraft entfalten, daß sie das kriegerische Konzert der europäischen Mächte mäßigen, ausgleichen und schließlich eindämmen, womöglich sogar beenden könnte.

Ein Staat, der heute Krieg führt, besitzt eine so schlagkräftige und präzise Macht, wie sie sich seine Vorläufer in früheren Zeiten nicht einmal im Traum vorgestellt hätten. Die Zivilbevölkerung geht weiter ihren alltäglichen Geschäften nach. Ein paar Spezialisten – militärische Profis oder auch Amateure – verfügen nach ihrem Gutdünken über futuristische Waffenarsenale. Eine solche Verselbständigung der Kriegsführung hat tatsächlich höchst beunruhigende Konsequenzen.

Gegen den Fortschrittsoptimismus sprechen die damit verbundenen Unwägbarkeiten, daß die alles vernichtenden Waffen immer kleiner werden und die zu ihrer Herstellung erforderlichen Mittel ohne weiteres verfügbar sind. Dies bezeugt die Angst, »Mafia-Organisationen, fanatische Sekten, alttrotzkistische Splittergruppen, die Maoisten vom ›Leuchtenden Pfad‹, Warlords in Somalia oder Südostasien und vielleicht sogar einzelne Psychopathen könnten ganze Staaten erpressen«.

Die verschiedenen Arten von Chaos sind in unterschiedlichem Ausmaß wahrscheinlich. Doch die Tatsache, daß man sie nicht als einfach abwegig ansehen kann, zeigt, daß die neuen Tötungstechniken ganz und gar kein automatisches Gegengift gegen jene Gefahren enthalten, die sie befördern. Die angeblich unterscheidbaren Zeitalter des Krieges lassen sich ganz einfach nicht in einer hierarchischen Stufenfolge ordnen. Damit der Irak endgültig vernichtet werden könnte, müßte Saddam Hussein so dumm sein, die »große Schlacht« zu suchen, für die ihm die Mittel fehlten.

Ein Gegner hingegen, der sich weigert, das Spiel mitzuspielen, der sich aus dem Staub macht, wenn man ihn bedrängt, der unvermutet angreift, lähmt die mit den allerneuesten waffentechnischen Erfindungen ausgerüsteten Interventionskräfte. Deutlich geworden ist das in Mogadischu und Bosnien, wo Geiselnahmen und Terrorakte daran erinnerten, daß es eine Realität gibt, die viel raffinierter ist als die Fortschrittsgläubigen es erwartet hätten.

Die militärische Strategie folgt nicht den Evolutionsgesetzen, die, wie allgemein angenommen wird, den technischen Fortschritt und die Abfolge von Produktionsweisen prägen. Im Vorgehen von Partisanen verbindet sich schlichtes strategisches Denken, der Einsatz der Kalaschnikow und des Raketenwerfers problemlos zu einer Mischung der drei postulierten Zeitalter des Krieges, die jede Art von Chronologie ad absurdum führt. Da der mit Elektronik gewappnete Kämpfer aus der überentwickelten ersten Welt nicht allein die Spielregeln bestimmt, bekommt er es mit der List eines Gegners zu tun, der ohne weiteres die Sparten durcheinanderwirbelt und die Planung für eine militärische Unternehmung ohne eigene Verluste durchkreuzt.

Anachronistisch? Überholt? Blutvergießen ist aktuell wie eh und je. In jedem Krieg mischen sich die Zeitalter des Krieges. Die Apostel eines dank der Allmacht der Computer universellen Friedens suchen vergebens nach der alles entscheidenden Waffe. Der Mythologie zufolge besaßen die skandinavischen Berserker und ebenso der Sieger über die Medusa eine solche Waffe, die »den Gegner auf der Stelle zu Stein werden läßt, das heißt in seiner reinsten Form aus der Entfernung den augenblicklichen Sieg bringt«.

3. Das Wiederaufbrechen nationaler Scheidelinien

Die Enttotalisierung des Kriegsgeschehens zerstört die großen militärisch-ideologischen Komplexe und reaktiviert frühere Trennungslinien. Man glaubt voller Naivität, daß sich die Vergangenheit an der Gegenwart rächen kann. Stammesdifferenzen, ethnische und religiöse Konfliktlinien erstehen wie durch ein Wunder wieder auf und scheinen die oberflächliche Aktualität den harten Gesetzen ihrer althergebrachten geistigen Unveränderlichkeit zu unterwerfen. Kaum beginnt irgendwo ein Drama, verortet man es schon, reißt es aus dem aktuellen Zusammenhang und verwurzelt es durch eine Vielzahl von Legenden über vermeintlich Wiedergekehrtes in der Vergangenheit. Politische Beobachter, Politologen und Chronisten wetteifern mit all ihrer Gelehrsamkeit darum zu zeigen, daß es nichts Neues unter der Sonne ihrer Wissenschaft gibt.

In der Offensive von Großserbien gegen Bosnien und Kroatien wiederholten sich, so heißt es, in kaum verhüllter Form die Auseinandersetzungen, die fünfhundert Jahre zuvor Osmanen, orthodoxe und römisch-katholische Christen geführt hätten. Die Ermordung der Gymnasiastinnen, die unverschleiert in Algier unterwegs waren, spiegle das Unglück der arabischen oder französischen Kolonisierung wider. Der Experte führt aus, daß der Tod im Lebendigen zuschlägt. Und dabei fragt er kein einziges Mal, warum die Lebenden mit so fieberhaftem Eifer bestrebt sind, die Toten wiederauferstehen zu lassen. »Ursache des Krieges in Bosnien ist nicht der Haß *der Ahnen*. Der Krieg hat den Haß geschaffen«, schreibt der kluge J. Rupnik.

Wenn Saddam sich für Saladin hält, dann sündigt, wer ihm glaubt, wider die wissenschaftliche Strenge. Warum sollte man, wenn die Fundamentalisten in Algier sich auf das Kalifat berufen, ihre Hollywoodinszenierung des Koran gutheißen? Wer das tut, ignoriert die Übereinstimmung des gegenwärtigen Fundamentalismus mit der konservativen Revolution. Mit der Behauptung, jahrtausendealte Fahnen zu schwenken, mobilisieren die Fundamentalisten die Geschichte mit ihren Fabeln und Phantomen und konstruieren so ein ursprüngliches Trugbild, das im Dienst ihrer höchst aktuellen Pläne steht.

Ein solches Verwirrspiel, in dem die Gegenwart sich bereitwillig durch eine Vergangenheit erklären läßt, bei der sie insgeheim Unterstützung sucht, befördert unweigerlich ein überall einsetzbares nationales Modell. Entsprechend den Gemeinplätzen der Soziologen zu Beginn unseres Jahrhunderts – à la Durkheim – ist die Menschheit eingeladen voranzuschreiten, nachdem sie zu ihren Ursprüngen zurückgekehrt ist. Von segmentierten, in Clans oder Stämme gespaltenen Gesellschaften ausgehend, erreicht sie immer höhere Stufen der sozialen Organisation. Ethnische und religiöse Minderheiten werden früher oder später integriert, von der Dynamik des entstehenden Nationalstaates mit erfaßt. So entscheidet das »Nationalitätenprinzip«, das in Frankreich besonders hochgehalten wurde. Dort sollte es zunächst die verheerende Außenpolitik Napoleons III. verklären und später das geistige Vakuum eines Clemenceau überdecken, der unter dem Schutz des Versailler Vertrages Europa neu ordnen zu können glaubte.

Abgestoßen vom Sprachengewirr, vom Mosaik der Glaubensrichtungen, der bunten Mischung ethnischer Zugehörigkeiten und der wechselseitigen Durchdringung der Kulturen, übertrug der französische Sieger, in geopolitischen Dingen Analphabet, ein paar zufällig ausgewählten Körperschaften die Aufgabe, neue Staaten zu gründen oder bestehende zu konsolidieren, Staaten, welche die Hinterlassenschaften der zerfallenen Großreiche angetreten hatten. Die Tschechen bekamen die Tschechoslowakei, die Serben hatten künftig in Jugoslawien das Sagen . . .

Seit damals hängt das Quai d'Orsay der Politik an, systematisch eine Gruppe als die verantwortliche auszuwählen und ihr die Entscheidung über die Einbeziehung der untergeordneten Körperschaften und der angrenzenden Gebiete zu übertragen. Durchaus mit einer gewissen Portion Narzißmus hat sich die französische Nation zum universellen Vorbild aufgeschwungen: Nach 1920 sollte der Völkerbund, seit 1945 soll die UNO ein befriedetes Universum regieren. Unter dem Deckmantel des Selbstbestimmungsrechts der Völker soll jeder Pseudo-Nationalstaat unmittelbar nach Gott Herr im eigenen Haus sein, wie schändlich er sich auch gebärden mag.

Eine aus lauter kleinen Frankreichs zusammengesetzte Weltkarte, welche die UNO vermehrt wie einst Jesus das Brot: die Vorstellung ist amüsant. Die Umsetzung käme der Quadratur des Kreises gleich: Die als Modell genommenen westeuropäischen Staaten haben ihre territoriale Dominanz, »regio«, und ihre kulturelle Kohärenz, »religio«, im Verlaufe eines Jahrtausends erlangt. Die hastige, gewaltsame Schaffung von geklonten Staaten im ausgehenden 20. Jahrhundert ist nur möglich, wenn die langen Entwicklungen durch brutale Eingriffe abgekürzt werden. Und mehrere solcher Eingriffe innerhalb kurzer Zeit sind unerträglich. Albigenserkreuzzug plus Religionskriege plus zentralistischer Jakobinismus plus Kulturrevolution oder Kulturkampf um die laizistische Schule – das ist zuviel für ein oder zwei Generationen! Mit ethnischen Säuberungen oder Völkermord wird das ungeheuerliche Vorhaben dann zu Ende gebracht.

Im April 1994 schrie eine Radiostation in Kigali hinaus: »Wir dürfen keinen einzigen ›cafard‹ (=Tutsi) verschonen und nicht den Fehler von 1959 wiederholen; wenn wir die Säuglinge am Leben lassen, werden sie ihre Eltern rächen.« Die allgemeine Verbreitung angeblich »nationaler« Gewaltakte kann keine Basis für Ordnung oder ein stabiles Gleichgewicht abgeben.

Rasch wird die Neigung, den Planeten mit Nationalstaaten zu überziehen, zum Maß aller Dinge – der Dinge, die sind, und der Dinge, die nicht sind. »Die weltweite Ausbreitung des Nationalismus auch dort, wo die Nation gar nicht existiert (Schwarzafrika), und dort, wo sie nicht existieren sollte (die islamische Umma), erscheint ein halbes Jahrhundert lang als das beherrschende Phänomen der Weltpolitik.« Auch wenn sich immer mehr Stimmen auf de Gaulle als Gewährsmann berufen, ist der Zweifel berechtigt, daß de Gaulle soviel unreflektierter Banalisierung zugestimmt hätte. Sein Sinn für Größe und für die Macht des Schicksals, auch sein Realitätssinn hätten ihn daran gehindert, Jeanne d'Arc und Fidel Castro in einen Topf zu werfen oder sich vorzustellen, daß tausend Jahre französischer Geschichte in einem Gewaltmarsch innerhalb von dreißig Jahren sogenannter »nationaler« Unabhängigkeit nachgeholt werden könnten.

In dem verwirrenden Durcheinander von Reichen, Ideologien, Blöcken und Allianzen vermochte de Gaulle keine neue Weltordnung zu erkennen, auch keine, die sich auf Nationen gründete. Wenn etwas sich auflöst, was sich nicht einigen kann, tritt eine neue, darunterliegende Unordnung zutage; hinter der scheinbaren Organisation der Reiche verbirgt sich keine tatsächliche Organisation der Nationen. De Gaulle war nicht entgangen, daß die Organisation der Vereinten Nationen eine – mit vielen Schwierigkeiten behaftete – Organisation von Staaten darstellte und nicht von Nationen. Nehmen wir Indien: Eine Milliarde Einwohner, eine Kultur, in welcher der Westen seine Wurzeln sucht, die ihm abhanden gekommen sind. Ist die Vorstellung nicht skurril, daß dieser riesige Block historischer Erfahrung gewissermaßen über Nacht dem entsprechen sollte, was man gemeinhin eine Nation nennt?

4. Die Krise der Führungsmächte

Da die alten Reiche sich nur selten in vorher schon existierende nationale Strukturen auflösen lassen, warum sollte man nicht das Zusammenleben der Völker auf dem Planeten um regionale Zusammenschlüsse und Führungsmächte herum organisieren? Nachdem die Kriegsgefahren ihren totalen Charakter verloren haben, hat sich die Zahl der bedrohlichen Situationen vergrößert, und da die UNO nicht alles und überall schlichten kann, bietet es sich an, auf regionale Organisationen zu setzen, die imstande sind, diplomatisch und militärisch einzugreifen.

In diesem Sinne denkt Henry Kissinger darüber nach, das 1815 vom Wiener Kongreß in Europa installierte Gleichgewichtssystem auf den gesamten Globus auszudehnen. Eine Reihe von Ordnungsmächten in einer Art neuer Heiliger Allianz zusammengeschlossen, müßten wechselseitig ihr Recht anerkennen, die jeweilige Einflußsphäre zu kontrollieren. Seit langem schon pflegt der Autor den empfindlichen Sinn für das Gleichgewicht der Mächte, das Männern wie Metternich und Castlereagh zufolge das Geheimnis des Friedens in Europa war. Der Titel seiner Dissertation *A World Restored* (Dt.: Großmacht Diplomatie. Von der Staatskunst Castlereaghs und Metternichs) würde perfekt auch für die zwei Bände seiner Memoiren passen, wo er auf den letzten Seiten begeistert von jenem »außerordentlichen Augenblick« spricht, »in dem die Träume und die Möglichkeiten verschmelzen«. Kissinger glaubte eine diplomatische Revolution zu vollziehen, er kündigte eine »neue Weltordnung« an, die die alten Feindschaften verringern und den jungen Nationen neue Hoffnung geben könnte – ein Amerika und der Welt würdiges Ziel.

Die Aufspaltung in relativ autonome regionale Systeme würde nur unter folgenden drei Bedingungen Frieden in die internationalen Beziehungen bringen:

- Erstens müßte jede regionale Großmacht bereits relativ unangefochten über ihre Vasallen herrschen, was heute nur höchst selten der Fall ist (wie soll man bei Konstellationen wie Iran-Irak, Indien-Pakistan, China-Japan den Schiedsrichter finden, den regionalen Ordnungshüter?)
- Zweitens dürfte jede der das Gleichgewicht garantierenden Mächte von ihren Mitmächten nur wenig zu fürchten haben. Einst konnten die Vorteile des Überraschungsangriffs durch die strategisch bessere Position einer Verteidigung aus der Tiefe wettgemacht werden. Napoleons Niederlagen in Spanien und in Rußland, das Wunder an der Marne sind Beispiele für die Wirkung einer solchen Sperre gegen den Angreifer, deren Theorie Clausewitz beschrieben hat. In Anbetracht der kurzen Vorwarnzeiten und der Möglichkeit von »Blitzeroberungen« ist heute jede regionale Hegemonie verwundbar und gefährdet; die mittleren Mächte werden durch das moderne Zerstörungspotential stärker, haben aber nicht mehr die Sicherheit wie in früheren Zeiten.

Großiran, Großirak, Großsyrien, ja sogar Großisrael: Innerhalb weniger Jahrzehnte ist der östliche Mittelmeerraum zu einem sich ständig drehenden Pulverfaß geworden, und es gehört nicht übermäßig viel Phantasie dazu, sich vorzustellen, daß China nach dem Ende der kommunistischen Ära ein zweiter Balkan werden könnte. Die Destabilisierung einst stabiler Gebilde erscheint unendlich viel leichter als die Stabilisierung der instabilen.

Warum sollte sich im internationalen System eher der Zusammenhalt durchsetzen als eine hemmungslose Konkurrenz? Warum sollte die »unsichtbare Hand« an der Schwelle zum dritten Jahrtausend vorausschauender und segensreicher wirken als in der Zeit zwischen 1900 und 1914?

Kissingers theoretischer Entwurf schlägt leicht ins Gegenteil um und droht aggressive Konkurrenz zwischen den jeweiligen »Großen« oder Zusammenschlüssen in einer Region zu wekken: Auf eine vergleichbare Aufteilung der Kontinente stützt Alain Gomez, der Generaldirektor von Thomson, seine Voraussage, daß es einen Wirtschaftskrieg zwischen drei Blöcken geben werde (dem asiatischen Block unter der Führung Japans, dem amerikanischen Block unter der Führung der »Yankees« und dem europäischen Block). Eine solche Ausdehnung der Ende des 19. Jahrhunderts verfochtenen Theorien vom »Nationalkapitalismus« auf ganze Kontinente läßt hinsichtlich der Folgen Schlimmes befürchten: Kommt nach dem Ersten Weltkrieg der Dritte? Als Ergebnis einer ähnlichen Konfliktkonstellation?

5. Die Kulturkrise

Auf die Konfrontation der großen Nationen (1914–1918) und der ideologischen Lager (1940–1945 und Kalter Krieg) folge, so schreibt Samuel P. Huntington, der Zusammenprall der Kulturen (hauptsächlich der christlichen, der muslimischen und der asiatischen). Obgleich den drei Kulturen drei große Religionen entsprechen, handelt es sich doch nicht um einen Religionskrieg: Die »Kulturen« bedeuten mehr Grundsätze der Identität als Grundsätze des Glaubens, ihre Bindekraft besteht letztlich in der gleichen Art zu fühlen, zu sprechen und zu leben.

Huntington zufolge gibt es eine jüdisch-christliche (oder abendländische) Menschheit, eine muslimische und eine asiatische (ein wesentlicher Bestandteil der letzteren ist der Buddhismus in seinen verschiedenen Ausprägungen), aber keine »allgemeine Menschheit«.

Konfliktträchtige Zonen seien die Schnittstellen zwischen den Kulturen, Träger der Konflikte zerrissene Länder (»torn countries«), die eine schwere Identitätskrise durchmachten, weil sie hin und her gerissen seien zwischen ihrer Verwurzelung in der Tradition und dem Wunsch, sich zu verwestlichen. Als

Beispiele nennt Huntington die Türkei, Mexiko, Rußland, Nordafrika, Japan.

Tatsächlich ist die Ausnahme die Regel. Alle Länder sind in gewisser Weise zerrissen. Kein Land existiert ohne Klüfte und Brüche unter der schützenden Kruste einer »Kultur«, deren identitätsstiftende Wirkung sich oft genug als Produkt der Phantasie entpuppt.

Die direktesten und gewaltsamsten Konflikte brechen heute zwischen etablierten Mächten auf, die nach allgemeiner Einschätzung unter dem Dach derselben »Kultur« leben: In der Kuweitkrise standen sich Araber und Araber, Muslime und Muslime gegenüber. Die Situation in China und zwischen den asiatischen Staaten wird sich aller Voraussicht nach krisenhaft, spannungsgeladen, kurzum explosiv entwickeln.

Die Voraussage, der nächste Weltkrieg werde aus dem Zusammenprall von »Kulturen« entstehen, impliziert eine paradoxe semiologische Kehrtwendung. Adam Ferguson (1723–1816) gilt gewöhnlich als Schöpfer des Begriffs »Kultur«, doch er bezeichnete damit die genau entgegengesetzte Entwicklung, durch welche ein zunehmend aufgeklärtes Europa in unzivilisierte, gewaltsame Beziehungen die zivilisierten Umgangsformen des Friedens bringen würde. »Wir haben die Gesetze des Krieges vervollkommnet und Linderungsmittel ersonnen, um seine Härten abzumildern. Wir haben dem Gebrauch des Schwertes Höflichkeit beigemengt, und wir haben gelernt, Krieg unter Beachtung von Verträgen und Absprachen zu führen, auf die Verläßlichkeit des Feindes zu bauen, auf dessen Untergang wir sinnen. Größerer Ruhm ist zu erlangen, wenn der Besiegte verschont und beschützt, als wenn er vernichtet wird. Und es scheint, als seien wir an dem höchst wünschenswerten Ende angekommen, daß wir Gewalt nur noch anwenden, um Gerechtigkeit zu erlangen und die Rechte der Nation zu verteidigen. Vielleicht ist dies das Hauptmerkmal, weswegen wir die modernen Nationen als zivilisiert bezeichnen können.«

Unter der ambivalenten Begrifflichkeit verbirgt sich ein Problem, über das Huntington und viele andere stolpern: die unbestreitbare Ideologisierung der Glaubenssysteme und der Traditionen, auf die sich die unterschiedlichen fundamentalistischen Bewegungen berufen. Der Gebrauch der Kulturen zu theologisch-politischen Zwecken, ihre terroristische Verknöcherung zeigt, wo das angebliche Verschwinden der Ideologien seine Grenzen hat. Dennoch zeichnet sich kein Krieg der Kulturen am Horizont ab. Die Krisen finden innerhalb der einzelnen Kulturen statt. Alle sind vom gleichen Identitätsdefizit betroffen. Die fundamentalistischen Bewegungen sind eine Reaktion auf die allgemeine Entwurzelung. Die kulturell geschlossenen Welten implodieren, sie sind gar nicht in der Lage, gegeneinander vorzurücken.

Beurteilt man die »konservativen Revolutionen« nach ihrer tatsächlichen Wirkung und nicht nach ihrer idealisierenden Selbstdarstellung, dann zeigt sich, daß das revolutionäre Element gegenüber dem konservativen überwiegt. Sie entlehnen ihre Mittel und Methoden bei den »fortgeschrittenen« Ländern, und so bewirkt der Fundamentalismus, daß die Brücken zur Vergangenheit abgebrochen werden. Der Fundamentalismus verwestlicht sich im Kampf gegen den Westen. So besiegelt die Enttotalisierung der Kriege zunächst das Todesurteil der großen Reiche und führt schließlich zur Auflösung der kulturellen Blöcke.

Der Riß durch die Alte Welt

Die geopolitischen Brüche, die den Globus mit Rissen überziehen, schließen sich keineswegs gegenseitig aus, sie überkreuzen sich und prägen jeden Konflikt stärker als je zuvor. Man kann dieser Konstellation auf zweierlei Weise Rechnung tragen: Zum einen kann man das Zeitalter weltweiter Konflikte für endgültig abgeschlossen erklären, voller Optimismus den Standpunkt vertreten, daß die Parenthese, die sich 1914 in Sarajevo geöffnet habe, nun »wieder geschlossen« sei, behaupten, daß die planetarischen Erschütterungen vorbei seien. Oder aber man geht davon aus, daß die Enttotalisierung der Kriege, die früher durchwegs Weltkriege waren, nicht ihr Verschwinden nach sich zieht, sondern ihre Ausbreitung in kleinerem Maßstab. Folgt man der ersten Argumentation, dann ist Abschreckung überflüssig geworden, das drohende Ende der Welt ist nur eine böse Erinnerung. Diesen Traum träumt man in den Außenministerien.

Folgt man der zweiten Argumentation, dann erfordert die Existenz weit verstreuter, aber nicht weniger drohender und ansteckender Todestriebe die Erfindung einer erweiterten Abschreckung, die über den binären und strikt nuklearen Rahmen hinausgeht und de Gaulles hellsichtigen Gedanken der »Rundumgerichtetheit« wiederaufnimmt. Dazu schweigen unsere Außenministerien.

Die herrschende Meinung neigt der Variante mit Happy-End zu. Für die einen ist Geschichte Ideengeschichte; die Ideologien haben sie »gemacht«, und wenn die Ideologien ihren Einfluß verlieren, hört die Geschichte auf, und es herrscht Friede. Für die anderen ist Geschichte Technikgeschichte, und heute kontrolliert die Technik auf technische Weise die Vernichtungstechniken. Wieder andere sprechen von der Geschichte der Nationen, und nachdem die Nationen reif geworden seien, zügelten sie inzwischen selbst das Spiel. Und wieder andere behaupten, nun endlich sei ein Gleichgewicht zwischen Staaten gefunden, die sich gegenseitig von den Vorzügen stiller Hegemonien überzeugten. Niemand jedoch sagt, daß es ebenso viele Geschichtsverläufe wie Kulturen gibt und daß die Kulturen um so besser nebeneinander existieren, je weniger Berührungspunkte sie haben.

Man kann über das befremdliche Fortbestehen blutiger Krisen nach dem Fall der totalitären Großreiche auch auf weniger idyllische Weise berichten und, der Weisheit und Bescheidenheit des größten griechischen Geschichtsschreibers folgend, nicht über den Ursprung der Kriege nachdenken, sondern über den ursprünglichen Krieg. Die seit November 1989 zu beobachtende Zunahme der Krisen geht auf eine weit zurückliegende Mutation der modernen Kämpfe zurück. Zwar hat die atomare Abschreckung seit 1945 die totalen Kriege ihres totalen Charakters beraubt, aber mit der Enttotalisierung hat die Freisetzung kriegerischer Energien einen Höhepunkt erreicht, während gleichzeitig die Zahl der Gebiete, in denen sie wüten, abgenommen hat. Die Geschichte unseres Jahrhunderts gibt eher Thukydides recht als Platon und darum eher de Gaulle als den Platonikern und den sanftmütigen Optimisten.

»Thukydides hob hervor, daß das vorrangige oder grundlegende Faktum die Bewegung oder Unruhe sei und die Ruhe abgeleitet; daß das vorrangige und grundlegende Faktum die Barbarei sei und das Griechentum abgeleitet; daß der Krieg und nicht der Frieden der Ursprung aller Dinge sei. Plato glaubte an den Primat der Ruhe, des Griechentums, der Harmonie. Platon und Thukydides stimmen in folgendem Punkt überein: Für den Menschen stellen Ruhe, Griechentum und Frieden höchste Werte dar. Aber nach Plato ist das Höchste für den Menschen und das Höchste im Menschen offensichtlich das Höchste schlechthin; hingegen gibt es nach Thukydides keine Verwandtschaft zwischen dem Höchsten im Menschen und dem Höchsten schlechthin. Plato zufolge hat das Höchste im Menschen, die Menschlichkeit des Menschen, einen direkten kosmischen Bezug. Thukydides zufolge fehlt dem Höchsten im Menschen eine solche Stütze: Die Menschlichkeit des Menschen ist viel zu abgelöst von den Elementen, als daß sie in der Lage wäre, eine solche Stützung zu erhalten.«

Wenn sie der verzweifelten Suche nach einer Ordnung müde geworden sind, die Geist, Technik, Kultur schaffen, werden unsere Zeitgenossen oder deren Kinder entdecken, daß, gleichgültig welcher Präsident herrscht, die Achse der Welt nach wie vor das Schwert ist. Oder das Messer. Oder die Axt.

»Einmal mehr haben die Waffen das Angesicht der Welt neu gestaltet. Ob wiedererweckt oder verstümmelt, vergrößert oder verkleinert, die Völker verdanken ihr Schicksal dem Schlachtenglück. Der Verlauf von Grenzen, Entschädigungen, Rechte und Abhängigkeiten: all das, worauf sich die Kunst der Politiker, die Klugheit der Juristen und die Geduld der Diplomaten richtet, ist das Werk von Kanonen und Maschinengewehren. Die wirtschaftliche, soziale, moralische Ordnung, an die unsere Zeitgenossen auf Gedeih und Verderb gekettet sind, ist ausschließlich das Ergebnis gewaltsamer Erschütterungen.«

VIII. Krieger ohne Grenzen

... das offenbar menschliche
Bedürfnis, von Zeit zu Zeit
das Dasein zu zerreißen und
in die Luft zu schleudern,
sehend, wo es bleibe.
Dieses Bedürfnis nach
»metaphysischem Krach« ...

Robert Musil
Das hilflose Europa oder
Reise vom Hundertsten
ins Tausendste

Die Entfesselung des neuen Kämpfers

Das Wort »Krieg« ist irreführend. Und ebenso ist jedes Epitheton irreführend, das man ihm beifügt, ob »Weltkrieg« oder »totaler Krieg«. Zudem ist in Vergessenheit geraten, welchen Sinn eine bestimmte Epoche solchen Beiwörtern gab. Man spricht gern von einem endgültigen, allgemeinen Zusammenstoß, und dessen Unwahrscheinlichkeit ist tröstlich: Der Dritte Weltkrieg wird nicht stattfinden. Einverstanden! Nur ist das kein Grund zur Freude. Zwischen 1940 und 1944 hat nicht der Erste Weltkrieg ein zweites Mal stattgefunden. Überlassen wir die Diplomaten ihrer üblichen Beschäftigung, den Konflikten früherer Zeiten vorzubeugen, ohne dabei die Konflikte wahrzunehmen, die gegenwärtig am Horizont aufscheinen. Der Zweite Weltkrieg wird sich nicht wiederholen. Selbst nicht in der atomaren Version der zwei Blöcke, die alles daransetzen, die Völker dieser Welt in ein einziges, letztes Feuer zu werfen. So weit, so gut!

Ein Völkermord in Afrika, zwei oder drei vor unseren Augen mit Frauen und Kindern ausradierte Städte, vierhundert dem Erdboden gleichgemachte Moscheen in Bosnien, siebenhundert in die Luft gesprengte Schulen in Algerien, die Ausbreitung des Terrorismus, vorsätzlich herbeigeführte Hungersnöte, vertriebene Menschen, die Summe der Toten eines einzigen Jahres, das mit der Bombardierung von Grosny endet: all das bedeutet nicht das Ende der Menschheit. Aber eine Heimsuchung folgt auf die andere, ohne daß die eine der anderen ähnelt, und wir müssen uns dazu zwingen, in mühsamer Kleinarbeit ein neues Antlitz des Schlimmstmöglichen zu entziffern. Die enttotalisierten Kriege wüten nun seit über einem halben Jahrhundert

141

auf der Erde, und das Grauen, das sie in sich bergen, kann um so leichter die ganze Welt erfassen, als es allgemein verkannt wird. Die schlimmsten Katastrophen kommen auf Taubenfüßen daher.

Der Jahreszahlenfetischismus führt in die Irre. Der Fall der Berliner Mauer 1989 ist kein Anfang. Es ist der Höhepunkt, Schlußakkord einer langen, halb versteckten, halb offenen Entwicklung, die in den entlegenen Regionen des Kalten Krieges wuchs und triumphierte, ausgelagert in die Dritte Welt und dort versteckt. Waffen und Methoden dieser Dritten Welt werden künftig in den Mittelpunkt der alten Welt rücken. Die beiden Großen haben ihre letzte Auseinandersetzung hinausgeschoben und sich so gegenseitig blockiert. Damit öffneten sie Erfindungen Tür und Tor, die sie nur schwer kontrollieren konnten. »Die Aufteilung des Universums zwischen zwei Lagern, die von Washington und Moskau angeführt werden, entspricht immer weniger der realen Situation.« (De Gaulle am 23. Juli 1964) Die Anwälte der Dritten Welt hegten damals die Illusion, sie könnten Europa die berühmte Idee des Menschen entgegenhalten, die auf so seltsame Weise zwischen Verdun und Auschwitz abhanden gekommen war. »Der Krieg schafft neue Strukturen, die die ersten Institutionen des Friedens sein werden ... So entsteht also der Mensch bis hin zu neuen Traditionen, den zukünftigen Töchtern einer Gegenwart des Schreckens ... Wenn der letzte Kolonialherr getötet, davongejagt oder assimiliert ist, wird die Art der Minderheit verschwinden und der sozialistischen Brüderlichkeit Platz machen.«

Es besteht die Gefahr, daß die Folge von Ernüchterungen und die banalen Erklärungen die beständige Produktion einer transkontinentalen Gewalt verschleiern, die sich unter dem Gleichgewicht des Schreckens entfaltet und verbreitet. »Als Chruschtschow in der UNO seinen Schuh vom Fuß riß und damit auf das Rednerpult schlug, lachte kein einziger Vertreter eines Entwicklungslandes. Denn Chruschtschow zeigt den kolonisierten Ländern, die ihn ansehen, daß er, der Muschik, der im übrigen Raketen besitzt, diese elenden Kapitalisten so behandelt, wie sie es verdienen.« Heute genießen Chruschtschows

Nachfolger einen friedvollen Ruhestand, und allenthalben werden die marxistischen Gebetbücher eingestampft, aber die Lust, mit dem Schuh auf den Tisch zu schlagen und mit dem Sammelsurium mörderischer Gegenstände herumzufuchteln, ist nicht geringer geworden.

Peking, Moskau, Mogadischu, Algier, Pale: sie sind nach wie vor beherrscht von der auf unterschiedliche Weise gepriesenen fixen Idee, die »elenden Kapitalisten« zur Hölle zu schicken, die Profiteure aus dem Westen, ihre Verbündeten, ihre Söldner, die Agenten in ihrem Dienst und jene, die ihnen dienen, ohne sich dessen bewußt zu sein, kurzum die ganze Schar derer, die vor der blutigen Notwendigkeit zurückschrecken, einen neuen, besseren Menschen zu schaffen.

In den sechziger Jahren legten die Anwälte der Dritten Welt einen erstaunlich zwanglosen Umgang mit Theorien an den Tag. Sie vermischten psychologische Hypothesen, wirtschaftliche Axiome und flüchtige historische Skizzen mit einer ganz unakademischen Sorglosigkeit, weil sie begriffen hatten, daß das Wesentliche anderswo lag, in dem harten Kern, den Fanon »absolute Praxis« nennt. Wie Sartre schreibt: »Wenn seine Wut ausbricht, findet er sein verlorenes Selbstverständnis wieder, und er erkennt sich genau in dem Maße, wie er sich schafft. Von weitem halten wir seinen Krieg für den Triumph der Barbarei. Aber er bewirkt durch sich selbst die fortschreitende Emanzipation des Kämpfers . . .« Wenn wir die idyllischen Seiten wegstreichen, läßt das »Selbstverständnis« des Kampfes zu wünschen übrig. Aber die »fortschreitende Emanzipation des Kämpfers« ist in der Tat der beherrschende Zug einer Epoche, die lange vor dem Fall der Mauer begonnen hat und sich seither weiter entfaltet.

Unter dem fadenscheinigen Gewand der irdischen oder jenseitigen Fundamentalismen kommt ein Rasender zum Vorschein, der sein eigenes Reich begründen will – fanatischer Kämpfer für Gott, Terrorist ohne Heimat, tropischer Faschist. Rambo ist der Gegentypus dazu, die demokratische, relativ domestizierte Version, weniger Abklatsch als idealisierte, kinogerechte Antithese. Der neue Krieger ist nicht mehr wie der europäische Soldat, von dem er allerdings in mancher Hinsicht abstammt, der bewaffnete Arm eines bestehenden Staates. Ebensowenig läßt er sich in der »Militanz« von Lenins Berufs-revolutionär oder Jüngers Arbeiter fassen, wenngleich er von ih-nen viele Züge ererbt hat. Sein höchstes Ziel ist nicht die »totale Mobilisierung« sämtlicher Schichten und Bereiche der Gesell-schaft. Ihm genügt es, durch Terror und gezielte Tötungen die Mehrheit zu lähmen. Er kündigt die Kriegsführung der Nach-Clausewitz-Ära an: Nicht länger fordert ein Monarch einen an-deren heraus, und es stehen sich auch keine Armeen oder Völker gegenüber, sondern das Vorhandensein und der Gebrauch eines zerstörerischen Potentials geben einer geschlossenen Gruppe eine mafiaartige Allmacht über ihr eigenes Volk und gelegent-lich über ihre Nachbarn.

Der neue Krieger erhebt das Axiom, das seinem nihilistischen Tun zugrunde liegt, und das die Anhänger Lenins und Hitlers erst unter dem Eindruck von Mißerfolgen schrittweise und ge-gen ihren Willen gelernt haben, sofort zum höchsten Imperativ. Der neue Krieger hat entdeckt, daß das Wesen der totalitären Herrschaft in der Fähigkeit zu zerstören liegt und nicht in der Fähigkeit aufzubauen.

Der Kämpfer ist in der »absoluten Praxis« der Schlachtfelder in doppelter Weise absolut. Zum einen befreit er sich von den anderen und erlangt eine unanfechtbare Freiheit, weil er sich auf die *ultima ratio* des Todes beruft. Zum anderen löst er sich von sich selbst, sein Glaube erfüllt sich im höchsten Augenblick, ohne Vorher und ohne Nachher. Er kappt alle Bindungen und stirbt für das Leben, um einen schönen Tod zu erleben. Das im Kampf erlangte absolute Selbstverständnis ist nicht hohl, es wartet nicht mit hängenden Armen, offenem Herzen und lee-rem Kopf auf irgendwelche Ideale, die ihm von außen einen er-hebenden nationalen oder geistigen Sinn verleihen.

Der Krieger ist von einem neuen Sein erfüllt; die Begierde zu kämpfen beherrscht ihn, er besitzt den Haß, der ihn besitzt: ». . . doch wenn des Lebens Wellenkurve zur roten Linie des Primitiven zurückschwingt, fällt die Maskierung; nackt wie je bricht er hervor, der Urmensch, der Höhlensiedler in der ganzen Unbändigkeit seiner entfesselten Triebe. Das Erbteil seiner Väter flammt in ihm wieder auf, immer wieder, wenn das Leben sich auf seine Urfunktionen einstellt. Das Blut, das im maschinenhaften Treiben seiner steinernen Gerüste, der Städte, kühl und regelmäßig die Adern durchfloß, schäumt auf, und das Urgestein, das lange Zeiten kalt und starr in verborgenen Tiefen geruht, zerschmilzt wieder in weiße Glut . . . Im Kampf, im Kriege, der alle Übereinkunft vom Menschen reißt wie die zusammengeflickten Lumpen eines Bettelmannes, steigt das Tier als geheimnisvolles Ungeheuer vom Grunde der Seele auf«.

Das Verbot der reinen Gewalt, ebenso ursprünglich wie das Inzestverbot, wird in jeder Gesellschaft durch das Ritual des Kriegsendes offenbar, in dem der Soldat aus seiner Rohheit herausgeführt und zum alten Kämpfer wird. Genau festgelegte Zeremonien begleiten den Übergang von der einen Welt in die andere; sie ermöglichen ein sanftes Hinübergleiten vom Übernatürlichen und Außergewöhnlichen zum Gewöhnlichen und Alltäglichen. Geschieht das nicht, vollzieht sich ein Drama.

Zum Beispiel das Drama von Horatius, der seine Schwester tötet und dann nicht mehr vom Töten und der Blasphemie lassen, den Kriegsgott Mars nicht aufgeben kann für sein göttliches *alter ego*, den Quirinus des Eintritts in den Frieden: »Die Legende vom siegreichen, rasenden, verbrecherischen und gereinigten Horatius war der Hintergrundmythos für die alljährliche Zeremonie zum Abschluß der Kriegsperiode, wenn die Krieger im alten Rom aus dem Reich des entfesselten Mars in das Reich von ›Mars qui praeest paci‹, Quirinus, zurückkehrten, zu diesem Zwecke ihre besondere Weihe ablegten, und sich zugleich von den nicht ›zufälligen‹, sondern notwendigen Gewalttaten der Schlacht reinigten.«

Eine solche traditionelle Katharsis würde im 20. Jahrhundert wohl ihre Wirkung verlieren. Ein Beispiel dafür ist das beidseits des Rheins mißlungene Kriegsende 1918. Während in Deutschland der Krieg in den Köpfen weiterging, fand Frankreich nur zum Frieden zurück, indem es mit dem unbekannten Soldaten der Vergangenheit zugleich auch den der Zukunft begrub. Die surrealistische Revolution kleidete die neue Unfähigkeit, das

normale soziale Leben mit der »absoluten Praxis« des Krieg-
führenden in Einklang zu bringen, in ein poetisches Gewand.
Künftig gab es nur entweder das eine oder das andere: Die ein-
fachste surrealistische Tat besteht darin, mit einem Revolver in
der Hand auf die Straße zu gehen und dort so lange wie möglich
aufs Geratewohl in die Menge zu schießen.

Am Ende des 20. Jahrhunderts träumt man nicht mehr davon,
daß die große Gewalt »etwas gebärt« (Hegel und Marx). Man
wählt sie, droht mit ihr und schätzt sie in ihrer alles zerstörenden
Dimension. Das bezeugt das Wüten der Tschetniks in Bosnien,
der »Garden« – Experten – in Somalia, Sierra Leone und anderen Regionen. Robert Kaplan stellt fest: »Die Grausamkeit, mit
der die Auseinandersetzungen in kulturell so unterschiedlichen
Gebieten wie Liberia, Bosnien, im Kaukasus oder in Sri Lanka
geführt werden – ganz zu schweigen von dem, was in den Innen-
bezirken der großen amerikanischen Städte geschieht –, enthüllt
ein insofern besonders verstörendes Phänomen, als diejenigen,
die sich mit Fragen wie der Mittelstandsförderung und der Zukunft des interaktiven Kabelfernsehens beschäftigen, nicht den
Mut haben, ihm ins Auge zu sehen. Blicken wir uns um: Einer
riesigen Zahl von Bürgern dieses Planeten wird ein bequemes,
stabiles Leben für alle Zeiten fremd bleiben. Viele betrachten
das Abenteuer des Krieges und das Leben in Kasernen nicht als
etwas Erniedrigendes, sondern als etwas Erhöhendes.«

Wenn wir uns auf die Zeit nach dem Zweiten Weltkrieg beschränken, sei an die Revolten der Cargo-Kulte auf den Südpa-
zifischen Inseln erinnert, an die blutige Abrechnung, die seit der
Unabhängigkeit Indiens eröffnet ist (siehe Salman Rushdie), an
die mörderische und selbstmörderische Apokalypse im Klein-
format in Guyana, und, als Zugabe der Kriege in Indochina, Algerien, Vietnam und Afghanistan, an das völkermörderische
Wüten eines Pol Pot in Kambodscha und seiner Brüder im Geiste, der Terroristen des Leuchtenden Pfades in Peru. Zwischen
der unguten Neigung von Revolutionen, ihre Väter und ihre
Kinder zu fressen, und den Randerscheinungen eines Prätoria-
neraufstandes besteht nicht nur Ähnlichkeit – allmählich verschmelzen sie.

Blutbäder sind nicht länger ein Mittel, sondern ein Zweck. Sie kündigen weniger eine Erneuerung an, sondern sind wirksam *hic et nunc.* Sie legitimieren eine Macht, die durch ihre Fähigkeit, ein Gemetzel anzurichten und es zu wiederholen, den Beweis für ihr unbarmherziges Vorhaben liefert: Eros und Hades werden eins.

Die Rechnung mit den Elendsvierteln

Naive Zuschauer glauben, sie hätten es mit einem schlichten Ausbruch der grausam-tierischen Seite zu tun, und erkennen nicht die innere Logik einer Raserei, die de Gaulle als »Philosophie« der Zwietracht definierte. Die der »kriegerischen Funktion« eigentümliche Weltsicht scheint in der »absoluten Praxis« des Tötens um des Tötens willen wieder auf, die in den modernen Revolten herumspukt. »Wir erschlugen, was uns in die Hände fiel, wir verbrannten, was verbrennbar war ... Wir hatten einen Scheiterhaufen angezündet, da brannte mehr als totes Material, da brannten unsere Hoffnungen, unsere Sehnsüchte, da brannten die bürgerlichen Tafeln, die Gesetze und Werte der zivilisierten Welt, da brannte alles, was wir noch vom Wortschatz und vom Glauben an die Dinge und Ideen der Zeit, die uns entließ, wie verstaubtes Gerümpel mit uns geschleppt«.

Es wäre ein Fehler, diejenigen beim Wort zu nehmen, die uns einreden wollen, es gebe einen Zerstörungstrieb, der älter und beständiger sei als sie selbst. Die Gewalt als nazistisch, kommunistisch, nationalistisch oder islamistisch zu identifizieren ist allzuoft eine falsche Beruhigung, weil böse Handlungen auf böse Gedanken zurückgeführt werden, als würde nicht den einen wie den anderen eine gemeinsame Logik zugrunde liegen. Schlechtigkeit vom schädlichen Einfluß einer Idee abzuleiten ist ein Hirngespinst.

Müssen wir uns denn beständig bemühen, die moderne Barbarei zu »erklären«, als wäre ihre Existenz eine ungeheuerliche Kränkung für den Menschen, der in Wahrheit doch gut ist? Ehrlicher ist es, ein weiteres Mal festzustellen, daß »ein schlechter Mensch tausendmal mehr Schlechtes tun (kann) als ein Tier«. Denn die Bösartigkeit des Menschen ist im Unterschied zu der des Tieres organisiert, durchdacht, systematisiert. Der Mensch, fährt Aristoteles fort, der sich freiwillig aus der Polis ausschließt, kann sich über sie erheben wollen wie ein Gott oder unter sie hinabsinken wie ein Tier. Am häufigsten stelle er sich ihr als Krieger gegenüber: Die Zyklopen aus den Erzählungen hätten »weder Sippe noch Gesetz, noch Heim«, und der Mensch ohne Polis, der apolitische Mensch, liebe den Streit um des Streites willen. Der Kriegsgott Ares oder Mars werde von Zeus heftig getadelt, erzählt Homer: »Wahrlich, du bist mir verhaßt vor allen olympischen Göttern! Immer hast du den Zank doch geliebt und Kampf und Befehdung!«

Ein Jahr vor Hitlers Machtübernahme, 1932, veröffentlichte Joseph Kessel eine Reportage über die Berliner Unterwelt; viel später fand man heraus, welche teils auf Konkurrenz, teils auf Unterstützung gegründeten Beziehungen diese mit den Sturmabteilungen der Nazis geknüpft hatte. »Von Keller zu Keller, von einem großen Kaffeehaus zum nächsten großen Kaffeehaus, von Spelunke zu Spelunke werden unbarmherzige, geheimnisvolle Parolen weitergegeben. Ich habe eine abgrundtiefe Bestialität, eine totale Unmoral gesehen und zugleich eine Art von Heldentum, vom Geheimnisvollen des gesetzlosen Lebens. Ich bin in eine unbesiegbare und disziplinierte, schwerfällige und überschwengliche Unterwelt eingedrungen.«

Den apolitischen Charakter der Mafia und den ultramilitaristischen Charakter von Splitterorganisationen verbindet eine Gleichartigkeit der Strukturen und Vorgehensweisen.

»Organisation, Terror, fanatische Disziplin – herrscht diese mit einer Art poetischer und barbarischer Naivität gepriesene Dreiheit nur in Deutschland bei Menschen der Unterwelt? Sind die Männer der Unterwelt etwa die einzigen im Reich, die fahnenschwenkend paradieren und rhythmisch im Chor Eidesformeln sprechen, wie ich es auf dem Ball der Vorbestraften gesehen und gehört habe?« Die harten, schwarzweißen Bilder der Filme *Doktor Mabuse* und *Der Fluch des Doktor Mabuse* gaben zur selben Zeit auf der Kinoleinwand die Antwort. Fritz Lang sah über dem Abgrund einer militarisierten Unterwelt die Diktatur aufscheinen.

Das deutsche Abenteuer blieb nicht ohne Echo. Warlam Schalamow, stark geworden in fünfzehn Jahren im Gulag, erkannte als allgemeines Gesetz totalitärer Systeme das Verschmelzen – jedesmal in einer besonderen, originellen Weise, aber immer unbestreitbar vorhanden – zwischen einer revolutionären Elite und der Welt des Verbrechens. Den Dichtern und Denkern des 19. Jahrhunderts warf er ihre »hemmungslose poetische Verklärung der Bösewichte« vor. Die Schwärmerei für das Verbrechen nähre im Publikum »eine vollkommen falsche Vorstellung von diesem schändlichen und abstoßenden Reich, das nichts Menschliches an sich hat«. Für die Gutgläubigen sei die Unterwelt nur als Folge eines Mangels kriminell; es mangle ihr an Bildung und an Geld. Ohne die Möglichkeit, auf ehrliche Weise zu überleben, seien die Menschen gestrauchelt und hätten nur den einen Wunsch, sich wieder zu erheben. Erklärt man nicht heute den islamistischen Terror mit dem Anstieg der Arbeitslosigkeit?

Schalamow zufolge verkennt solch gutgläubiger Idealismus die Parameter, die der Welt des Verbrechens ihre Stabilität und Dauerhaftigkeit verleihen. Zunächst einmal findet sie in sich selbst Grund zu bleiben, was sie ist, »Böses tun ist unendlich viel anziehender als Gutes tun«. Dann ist es eine abgeschlossene Welt, taub für die inständigen Bitten der zivilisierten Gesellschaften. Der arglose Funktionär, der einem Betrüger jedes Wort glaubt, ist ein »Dummkopf«, den man nach Bedarf ausnutzen kann: »Seinen Eid mit Füßen treten und brechen – das ist etwas Ehrenvolles für einen Räuber, ein Subjekt, das auf den Gefängnispritschen prahlt.« Und schließlich handelt es sich um ein perfekt durchorganisiertes Reich mit eiserner Disziplin und außerordentlichen Vergnügungen – Glücksspiel, Drogen, Sex –, archetypischen – Raub, Vergewaltigung, Brutalität und Geld – und quasi erblichen hierarchischen Strukturen.

Wie de Gaulle eine unheilvolle »Philosophie des Krieges« bei Tirpitz und Ludendorff ausmachte, stellt Schalamow eine »Gaunerphilosophie« bloß, durchdrungen von der gleichen

Mitleidlosigkeit, die sie »außerhalb der menschlichen Moral« stellt. Der russische Schriftsteller sieht die Bösartigkeit wie Aristoteles in der menschlichen Natur begründet, »die schlimmste Bestie ist der Mensch«. Und Schalamow schildert die gleiche Art von antipolitischer Haltung: Die Welt der Kriminellen ist eine Gegengesellschaft, »nach ihrer Philosophie läßt sich die ganze Welt in zwei Lager teilen, auf der einen Seite die ›Macher‹, auf der anderen Seite . . . die ›Schwachköpfe‹«. Die Gesellschaft der befreiten Krieger dreht sich im Kreise ihrer »absoluten Praxis« und erweist sich dabei (schon de Sade hatte das vorgeschlagen) als Gesellschaft der Freunde des Verbrechens.

Die Diskussion zwischen dem Papst des Marxismus vor 1914, Karl Kautsky, und Lenin drehte sich um die Frage, ob Rußland für eine proletarische Revolution reif sei. Einig wurden sie sich über den »Rückstand« der russischen Arbeiterklasse, den Kautsky auf einen Mangel an Bildung zurückführte, während Lenin ihre plebejische Gewaltsamkeit rühmte. Mit ähnlichen Argumenten wie Kautsky verurteilten in späterer Zeit die russischen Funktionäre ihre chinesischen Pendants und warfen ihnen vor, sie ließen dem Banditentum ungebildeter Bauern freien Lauf.

Dem gleichen Problem begegnen wir bei den Revolutionären der Dritten Welt, die behaupten, sie seien mit dem Lumpenproletariat in den Slums verbündet. Losgelöst von groben, unpräzisen soziologischen Kategorien vollzieht sich in solchen »talmudischen« Diskussionen so etwas wie die »Wiederkehr des Verdrängten«: Die totalitären Revolutionen einschließlich der fundamentalistischen vermischen die Subversion von oben mit der Gewalt von unten. Während die Intellektuellen die traditionellen Tabus zerschlagen, bricht sich die Gewalt der Hefe der Gesellschaft, die bis dahin eingedämmt war, ungehindert Bahn. Zur großen Überraschung der Zauberlehrlinge trägt der Stärkste den Sieg davon, die Welt des Verbrechens und eine zentralistische Diktatur nehmen die Gesellschaft in die Zange und zermalmen sie.

Von der allgemeinen Verbreitung der Raserei

Dostojewskis *Dämonen* enthüllen warnend die Geheimnisse der Gesinnung, die zum Sprengmeister gehört, aber in seiner allerorten und für alle Ideologien passenden Vulgarität ist das Phänomen erst als krönender Abschluß unseres Jahrhunderts aufgebrochen. Eine derartige Zunahme der Aggressivität ist Ausdruck einer grausamen, aber weltweit verbreiteten Freisetzung der kriegerischen Funktion, gekennzeichnet durch drei Merkmale:

1. Technisch-materielle Emanzipation des Kämpfers
Zur Proliferation, Miniaturisierung und weltweiten Verbreitung von Waffen mit einem hohen Zerstörungspotential kommt der freie Handel mit Gerätschaften und Experten auf dem postkommunistischen Markt für Waffen und Menschen hinzu. Kaum ein aufmerksamer Beobachter schließt die Möglichkeit eines unverhofften Einsatzes von nicht konventionellen Waffen aus.

2. Soziokulturelle Emanzipation des Militärischen
Traditionell war der junge Krieger in einen sozialen Zusammenhang eingebunden und daran gebunden (die Rituale und Mythen von Kulturen in vorschriftlicher Zeit, die griechische *paideia*, religiöse Unterwerfungsriten, die demokratische Erziehung). Die Integration des Waffenträgers in eine Gesamtheit, die größer ist als er und für die er sich opfert, wird in dem Maße problematisch, wie die Gemeinschaften zerfallen. Unter dem unwiderruflichen, zwangsläufig störenden und subversiven Einfluß des Abendlandes lösen sich die alten Sitten, Ordnungen und Gehorsamsregeln auf. Der Krieger fällt aus jeglicher internen und externen Kontrolle heraus. Die Macht scheint ihm in der Kanone zu liegen, und selten nur widersteht er der Versuchung, danach zu greifen. Glaube an die Militarisierung (arabischer Sozialismus) und Militarisierung des Glaubens (fundamentalistische Bewegungen) folgen aufeinander, ohne sich auszuschließen. Gemeinschaften in Auflösung, deren sämtliche

Werte ins Wanken geraten, umstürzen oder sich verkehren, sind bevorzugte Beute für hochbewaffnete Adoleszente. Erpresser in Mogadischu, brotlos gewordene Kommunisten, die zu Groß-serben konvertiert sind, Arbeitslose in Algier, afrikanische Offi-ziere, denen der Aufstieg verwehrt ist: Das Reservoir für Put-schistenkommandos ist reichhaltig.

3. Zutagetreten des totalitären Individualismus

Die Klischeevorstellung vom verlorenen Soldaten, der in eine innere Sackgasse getrieben wird, weil man ihn seines Ruhmes beraubt hat, ist nicht neu. Die versprengten Übriggebliebenen der Großen Armee bevölkerten während der Restauration die Cafés. Nach dem Ersten Weltkrieg wurden die »Ausgestoße-nen« der Freikorps die Basis der Hitlerschen Ordnungsdienste. »Bolschewismus und Faschismus lösen sich ab, bringen sich ge-genseitig hervor, ahmen sich nach, bekämpfen sich, aber vor al-lem gedeihen sie auf demselben Boden, dem Krieg . . . Sie über-tragen in die Politik, was sie in den Schützengräben gelernt haben: das Gewöhntsein an Gewalt, die Schlichtheit äußerster Leidenschaften, die Unterwerfung des Individuums unter das Kollektiv, schließlich die Bitterkeit nutzloser oder verratener Opfer.«

Zwei Kennzeichen der Epoche machen indes die Besonder-heit der gegenwärtig so explosiven Situation aus:

a) Chaotische »Weimarer Verhältnisse« sind nicht mehr auf ein genau umschriebenes Gebiet beschränkt. Ein Durcheinander wie im Deutschland der Zwanziger Jahre belastet heute die gesamte östliche Hälfte Europas, und es wird mindestens zwei Generationen dauern, bis Osteuropa sich aus den vom Kommunismus hinterlassenen ökologischen, ökonomischen und moralischen Ruinen herausgearbeitet hat. Parallel dazu erschüttert ein schwieriger Prozeß der »Verwestlichung« die anderen Kontinente.

b) Dem Krieger ohne Glauben und Moral stehen Mittel zur Verfügung, die so gewaltig sind und sich so verselbständigt haben wie niemals zuvor. Es ist ihm möglich, in einem bislang unbekannten Ausmaß seinen Nächsten zu beherrschen und zu töten, darüber hinaus kann er beispielsweise dank des Drogenhandels seine Kriegszüge auch selbst finanzieren.

Die Ideologie verändert sich ständig, töricht ist, wer sich darauf verläßt. Es ist ein Zeichen von Dummheit, die den Wandel regierende Unveränderlichkeit nicht zu erkennen. Der Totalitarismus führt nicht Krieg im Namen von Ideen und um der Ideen willen, er formt eine Ideologie im Namen des Krieges und um des Krieges willen. Der Kommunismus wurde in Rußland in der Gründungsphase des »Kriegskommunismus« etabliert. Trotz der schon früh erkennbaren ökonomischen Mißerfolge und seines Versagens im menschlichen und kulturellen Bereich breitete er sich über die ganze Welt aus.

Welcher Erfolg bescherte ihm weltweites Ansehen? Nur seine anscheinend unbegrenzte Fähigkeit, »die Massen zu mobilisieren«, das heißt die Kunst, sie an die verschiedenen »Fronten« zu schicken und dort zu halten. Und welches endgültige Scheitern disqualifizierte den sowjetischen Marxismus? Die Rückschläge in der Agrar- und Industriepolitik, seine ethische und geistige Schändlichkeit? Nein, diese unerfreulichen Seiten wüteten 1923, 1937, 1950 mehr als 1960! Von 1917 bis 1960 lebte die UdSSR entweder im Kriegszustand, bereitete einen Krieg vor, oder war mit der Überwindung von Kriegsfolgen beschäftigt: Die Kontinuität der Gewalt machte ihre Stärke aus. Danach verschwand, nicht zuletzt unter dem Einfluß der Abschreckungspolitik, das drohende Schreckgespenst der großen, endgültigen Schlacht allmählich und legitimierte den Diktator nicht länger.

Die UdSSR exportierte hochentwickelte Subversionstechniken und Polizeistaatsmethoden nach Äthiopien, nach Algerien, nach Vietnam, in den Irak . . . Innerhalb ihrer Grenzen griff die Korruption um sich, formierten sich Dissidentenbewegungen, wurde das Bindemittel des Krieges brüchig. Nazismus und Kommunismus lebten und starben mit dem Krieg: der eine, weil er einen Krieg verloren hatte, der andere, weil er keinen massiven, ultimativen, imperialen Krieg mehr beginnen konnte.

Das 20. Jahrhundert wandelt sich von einer Ära der totalen Kriege zur Ära der totalitären Kriege. Zum totalen Krieg gehörte die vollständige Mobilisierung der wirtschaftlichen, sozialen und kulturellen Energien, um alle Kräfte in einer militärischen Anstrengung zu verschmelzen, die entscheidend und definitiv sein sollte. Im totalitären Krieg tritt der Bewaffnete einer unbewaffneten Bevölkerung gegenüber – ethnische Säuberung –, die sein eigenes Volk sein kann (Kambodscha), ein fremdes Volk (Bosnien) oder beides zugleich (Ruanda).

Und die Erde dreht sich weiter.

IX. Die mörderische Identität

> Wenn das deutsche Volk
> nicht bereit ist, für seine Selbst-
> erhaltung sich einzusetzen, gut:
> dann soll es verschwinden!
>
> *Hitler*
> *Tischgespräche,*
> *27. Januar 1942*

Die totalen Kriege der Vergangenheit wurden unter dem Deckmantel imperialer Doktrinen begonnen: Alles um die Welt zu
beherrschen! Die totalitären Kriege zielen auf die ausschließli-
che, diktatorische Beherrschung eines begrenzten Gebietes;
ihre totalitäre Qualität setzt der beliebigen Ausweitung der
Ziele Grenzen, ohne daß es ein Zögern beim Einsatz der Mittel
gibt, um die Hegemonie zu behaupten: Strategie der verbrann
ten Erde, Panik, Entvölkerung. Die zivilisierte Begrenzung der
Zerstörungswut steht nicht mehr auf der Tagesordnung. Doch
Massenmord wird anders gerechtfertigt. Es wird nicht mehr behauptet, er sei das Heilmittel für die einem Ideal hinterherja-
gende Raserei, sondern das Heilmittel für eine Identitätskrise.
Massenmord wird nicht mehr mit der rassischen oder sozialen
Neuordnung des Planeten begründet, sondern steht im Dienst
der ungerechtfertigten Bevorzugung einer bestimmten Gruppe,
welcher der – aus religiösen oder ethnischen Gründen erwählte
– einzelne angeblich alles verdankt und alles zu geben hat.

Die Rückkehr zu sich selbst

Das neue Identitätsprinzip – ich bin ein Hutu, deswegen ver-
nichte ich den Tutsi – geht in Hitlerschem Geist über den traditionellen nationalen Ehrgeiz hinaus, der den Anspruch des welt-
lichen Herrschers vergrößerte, aber immer noch einige Flucht-
wege zu einem überweltlichen Gott offen ließ, der auf eine den
einfachen Sterblichen verborgene geheime Weise in die Herzen
und Seelen blicken konnte. Der heilige Augustinus hat den
Übergang von der mystischen Identität zur identitätsstiftenden
Mystik vorweggenommen: »Denn die Guten gebrauchen die

Welt zu dem Zweck, um Gott zu genießen; die Bösen dagegen wollen Gott gebrauchen, um die Welt zu genießen.«

Künftig gibt es keine Ausflucht mehr; ich bin, oder ich bin nicht; ich exekutiere, oder ich verdamme mich; ich töte, oder ich werde getötet. Den echten Hutu erkennt man daran, wie er mit seiner Machete umgeht, der wahre Serbe metzelt für Großserbien, der Gläubige schärft seinen Dolch für die Ungläubigen, andernfalls verrät er seinen Glauben und kommt ins Verlies. Eine endgültige Schlacht entscheidet hier und jetzt darüber, ob der Kämpfer ein Mann ist oder ein Schlappschwanz. Die uneingeschränkte Übernahme dieses Prinzips der kriegerischen Identität, die Ausdehnung seiner unerbittlichen Alternative auf das gesamte soziale und moralische Leben macht den harten Kern der neuen Programme aus: Ich töte, also bin ich, ich bin der, welcher tötet.

Das Evangelium der Raserei erlaubt schlichte, überall einsetzbare Lösungen: Die Tutsi sind ›cafards‹ (Schaben), also vertilgt man sie. Die primitivsten Parolen früherer Totalitarismen werden wieder hervorgeholt: Der Jude ist eine Ratte, der Kapitalist eine lüsterne Giftschlange, eine Laus, der Tod. Der Tod kann in Form einer historischen Reminiszenz zugefügt werden, wobei gegebenenfalls gänzlich unpassend eine Tradition verweltlicht wird, die unterschiedslos irdischen Kampf und innere Erhebung vermischte. Bedient sich die Dschihad-Bewegung militärischer Mittel, wird sie zu einer ebenso profanen Technik der Machteroberung, wie sie der Marsch auf Rom oder die Erstürmung des Winterpalais darstellten. Man findet freilich auch differenziertere Versionen des fundamentalistischen Katechismus, und es ist bedauerlich, daß die Diplomaten und Militärchefs der westlichen Welt sich nicht genug Zeit nehmen, das zu erkennen.

Hätten unsere Würdenträger ein wenig mehr der Neugier gehuldigt, die sie freilich selten plagt, dann hätten sie es vielleicht vermieden, drei Jahre lang eine unverbesserliche Inkompetenz an den Tag zu legen, drei Jahre nichts als klägliches und lächerliches Herumgestikulieren. Dobrica Cosic hatte viertausend Seiten Informationen vorgelegt. Dieser beachtenswerte

Autor war ihnen nicht unbekannt: Zu Beginn der bewaffneten Auseinandersetzungen in Jugoslawien war er der designierte Präsident der Republik Serbien und Montenegro. Durch Intrigen im Apparat wurde er abgesetzt, blieb aber weiter der Inspirator und Ratgeber der in Belgrad regierenden Herren. Als Graue Eminenz des großserbischen Gedankens gab er dem Krieg einen Namen. Unter Tito war er politischer Kommissar gewesen und ein renommierter Satrap der Parteiführung, doch spätestens 1968 wurde ihm klar, daß der Marxismus auch in seiner jugoslawischen Form ausgedient hatte. Einige plädierten damals für eine Demokratisierung des Regimes.

Cosic mobilisiert gegen die apokalyptischen Gefahren, von denen er die Kultur bedroht sieht, das serbische Volk und den serbischen politischen Apparat. Er schreibt *Le Temps et la Mort* (Die Zeit und der Tod), ein großes Panorama des Ersten Weltkriegs im Stil von Tolstoi, dann mehr im Stil von Dostojewski *Le Temps du Mal* (Die Zeit des Bösen), ein Buch über Serbien vor und während des Zweiten Weltkriegs. Seine Werke sind weder historische Dokumentationen noch reine Thesenromane. Literatur und Politik verschmelzen vielmehr, ohne daß man sagen kann, ob die Politik zur Literatur wird oder im Gegenteil das geschriebene Wort in den Dienst der kämpferischen Tat tritt, indem es ihr ein endgültiges Ziel zuweist: die Eroberung der serbischen Identität durch die Serben.

Der Leser würde sich im Universum des Romans, in dem sich die Personen mit einer Freiheit entwickeln, wie es ihnen in der kommunistischen oder nazistischen Erbauungsliteratur niemals gestattet war, leicht verirren, führte nicht ein Ariadnefaden unauffällig durch das Labyrinth. Unter dem scheinbaren Durcheinander der Intrigen und Abenteuer verbirgt sich eine Beweisführung, die um so fesselnder ist, als sie unverfänglich in kleinen Dosen verabreicht wird:

– Dur: »Der Serbe ist kein Arbeiter, er ist Krieger.« Erklärung: »Der Arbeiter hat eine innere und eine äußere Disziplin; der Arbeiter respektiert die objektive Zeit, die Weltuhr. Der Krieger hat seine innere Zeit; er hat eine Uhr im Herzen.«

Logische Folge: Apotheose des Kriegers, »wir sind das kleine Volk, das mit seinen großen Zielen in Konflikt geraten ist mit der Welt und ihren Gesetzen«.

– Moll: Serbien hat seine Kriege gewonnen und seine Frieden verloren. Logische Folge Nr. 1: Im Krieg 1914–1918 ist Serbien zweimal von seinen Verbündeten, den westlichen Demokratien, verraten worden; 1914 wurde es im Stich gelassen und in die Enge getrieben; 1918 wurde ihm eine jugoslawische Föderation aufgezwungen, »drei Religionen, miteinander vermischt durch Krummsäbel und Feuer und getrennt durch Blut, sollten sich, siehe da, auf einmal in einem Staat untereinander verstehen! Welche Laus, welche Viper hat den Serben dieses Gift, diese todbringende Krankheit eingeträufelt.«
Logische Folge Nr. 2: Zwischen 1938 und 1945 wird Serbien erneut zweimal verraten, und zwar von seinem Verbündeten im Osten, von Moskau, dem Zentrum der angeblichen Weltrevolution: stalinistische Säuberungen gegen führende serbische Revolutionäre und dann abermals eine »Föderation« mit den Kroaten und den »Muselmanen« . . .

– Folgerung: Am Ende eines langen Kreuzwegs muß Serbien auf seine eigenen Kräfte zählen und einen dritten Revolutionskrieg führen: »Einen Krieg verliert man in der Seele. Dort gewinnt man ihn auch zuallererst . . . Wir glauben an den Sieg. Aber wir dürfen nicht versuchen, unseren Glauben zu erklären. Es gibt einen serbischen Glauben, und er ist bäuerlich und militärisch.«

– Axiom: Von der Niederlage gegen die Türken im Jahr 1389 bis zu den gegenwärtigen Eroberungen enthüllt das Martyrium der Serben den endlosen, einzigartigen, grundlegenden nationalrevolutionären Krieg; »es ist kein Zufall, daß die Serben nach den Preußen die besten Soldaten Europas sind«.

Den Konflikt in Jugoslawien als Ausbruch eines regionalen Verhängnisses zu erklären, sich mit dem Hinweis auf »altüberlieferte ethnische Leidenschaften« (Mitterrand, 9. Januar 1993) zufriedenzugeben bedeutet, daß hinter dem Klischee einer

Stammesauseinandersetzung die Modernität eines von langer Hand vorbereiteten Konflikts versteckt wird. Erkennen wir Dobrica Cosic die Vaterschaft zu, die er in Anspruch nimmt. Er hat den Anstoß für das Projekt der Einigung aller Serben mittels Eisen und Feuer gegeben. Im Laufe der Zeit versammelte er eine eindrucksvolle Gefolgschaft von Philosophen (hervorgegangen aus der Gruppe Praxis), Künstlern, Journalisten und Apparatschiks um sich, und mit bemerkenswertem Scharfblick erfaßte er die beiden zentralen Punkte, die das Gemetzel beschleunigen würden.

1. Die Vereinigung der serbischen Minderheit in Kroatien mit Bosnien unter »demselben Dach« bedingt, daß anerkannte Grenzen überschritten werden und Jugoslawien auseinandergerissen wird.

2. Will man den Kosovo, die »historische Wiege«, behalten, muß man die dortige Bevölkerung, zu neunzig Prozent keine Serben, zum Schweigen bringen und ihren Exodus befördern. Cosic wußte, daß er sich weder auf das europäische öffentliche Recht berufen konnte, weil es den Grundsatz der Anerkennung von Grenzen enthält (»pacta sunt servanda«), noch auf die Legitimierung durch ein freies Votum der Bevölkerungsgruppen. Er forderte mehr als Minderheitenrechte für die Serben in Kroatien und Bosnien und gestand zugleich solche Minderheitenrechte der nichtserbischen Bevölkerung in Serbien nicht zu. Da er von Anfang an weder die historische Legalität der Verträge noch die demokratische Legitimität der Wahlen anerkannte, fiel die ethnische Grenzziehung aus dem Bereich des Rechts heraus und konnte nur gewaltsam durchgesetzt werden.

Die Eroberung und Zerschlagung der Gebiete mit eiserner Hand geht mit äußerster Gewaltsamkeit einher. Bevölkerungsgruppen werden vertrieben und zu einem Exodus ohne Rückkehr gezwungen. Dabei stehen nicht Soldaten Soldaten gegenüber, sondern ein unangefochtener militärischer Apparat einer waffenlosen Zivilbevölkerung. Die führenden Köpfe in Belgrad haben ein durch und durch obszönes, ansteckendes, gefährliches postkommunistisches Modell entworfen.

Nach außen hin verändert dieses Modell die geopolitische

Karte durch Kanonenschüsse. Im Inneren schweißt es in Auflösung befindliche altbolschewistische Apparatschiks zusammen.
Die jugoslawische Rote Armee hat sich ein neues Betätigungs-
feld gesucht und sich so vor der Arbeitslosigkeit gerettet, die
ihre einstige Schwester und Rivalin, die sowjetische Rote Armee, zersetzt. Mehr noch: Ihr Vorbild macht Schule, und die
russische Armee, kurz zuvor noch quasi in Auflösung begriffen,
bemüht sich mit einigen Schwierigkeiten, ihre Daseinsberechti-
gung in den Ruinen von Tschetschenien unter Beweis zu stellen.
Das Modell Großserbien eröffnet einem Großrußland den
Weg. Die Angehörigen der kommunistischen Nomenklatura,
zum Chauvinismus rekonvertiert, mobilisieren, wen sie können:
rassistische Fanatiker, Skinheads, religiöse Eiferer. Ein »braun-
roter« Fundamentalismus schwingt sich zum Sprecher aller Serben auf, stellt sich als panslawistisch dar und erweist sich als Ex-
portschlager.

Die Westmächte glauben, sie könnten mit frommen Worten
oder mit Schecks Frieden schaffen. Im Scheinwerferlicht der
Öffentlichkeit reichen sie in den Botschaften in Genf, Paris und
Washington Friedenspfeifen herum, als müßten sie ein paar
rohe, des Lesens und Schreibens unkundige Häuptlinge, die
man aus irgendwelchen Reservaten auf dem südlichen Balkan
geholt hat, der Zivilisation zuführen. Der Gegner ist nicht besser bewaffnet, aber entschlossener und geschickter als mancher
westliche Lord oder Präsident.

Alkibiades ohne Plato

Wir müssen lernen, in jedem Konflikt bis drei zu zählen. Die
klassischen Kriege (Clausewitz) und die totalen Kriege (Ludendorff) fügten sich in ein dualistisches Raster ein, Typ »Null-
Summen-Spiel«. Die heutigen totalitären Kriege sind nach einem Dreierschema strukturiert: drei Lager in den harten Auseinandersetzungen (Serben, Kroaten, Bosnier), bei inneren
Konflikten (die FIS kämpft gegen den europäisch-französischen
Feind von außen, aber vor allem gegen die Kabylen, gegen laizi-

stische Demokraten . . .), bei den Identitätskrisen der demokratischen Gesellschaften (Wessis, Ossis und »Türken« in Deutschland; das weiße Amerika, das schwarze Amerika und das dritte Amerika: Asiaten, Juden und vor allem Latinos). In Ruanda wird hinter dem Schein eines ethnischen Duells, das bis zur Ausrottung der Tutsi geführt wird, erkennbar, wie die Hutu-Milizen und die Hutu-Armee ohne weiteres ihre eigene Bevölkerungsgruppe opfert, sie Flucht, Hunger und Cholera überläßt.

Das Auftauchen einer dreidimensionalen Matrix überall auf der Welt ist der Schlüssel zu den Konflikten neuen Typs. Die Tatsache, daß ein selbstgenügsames, narzißtisches Kriegspotential auf der Weltbühne erschienen ist, hat die drei Funktionsebenen der traditionellen Gesellschaften (mythologisch, rituell oder religiös) und der modernen Gesellschaften (aufgeklärt und parlamentarisch) erschüttert. Der Waffenträger ist aus dem Rahmen herausgeschlüpft und will sich nun sowohl die höchste Macht wie die wirtschaftlichen Reichtümer aneignen. Zwischen den Staaten wie innerhalb der Staaten ist der Zerfall in drei »Lager« ein Indiz für die fortschreitende Auflösung der alten und der neuen Gemeinschaften unter dem Ansturm der freigesetzten kriegerischen Funktion.

Seltsame Umkehr, wo der »Wächter« (in polizeilicher und militärischer Funktion) der platonischen Dreiteilung sich gegen seine Stadt (Polis) wendet und sie niederreißt. Seine Herausforderung ist nicht so originell und undenkbar, wie man aufgrund der Panik vermuten könnte, die sein ungeheuerliches Vorgehen auslöst.

Seit Anbeginn der Zivilisation hat keine Gesellschaft die von einer Raserei, die sie unweigerlich nährt, ausgehenden Gefahren unterschätzt. Die Völker, die noch keine Schrift besaßen, ersannen ein dichtes Netz von Ritualen, um die wehrfähigen jungen Männer zu disziplinieren, zu bremsen, und, falls erforderlich, zu neutralisieren. Die Mythologien widmen der von der Kriegsleidenschaft ausgehenden Gefahr der Zersetzung größte Aufmerksamkeit. Sie bedroht Dumézils »zweite Funktion«: »Eine verklärende Raserei, eine Leidenschaft, in welcher der Mensch über sich hinauswächst bis zu dem Punkt, wo er das Verhalten ändert, manchmal auch die Gestalt, wird zu einer Art unermüdlichem Ungeheuer, fühllos oder sogar unverwundbar, unfehlbar bei seinem Hieb und unerträglich anzusehen. Sein triumphierendes Auftauchen auf dem Schlachtfeld ist so etwas wie eine Dämonophanie: Wenn der Gegner ihn nur sieht, nur seinen Schrei hört, ist er von Entsetzen erfüllt, gelähmt, erstarrt . . .« An dieser Stelle denkt man unweigerlich an die wütenden Demonstrationen in Dakka gegen Taslima Nasren, eine hysterisch schreiende Menge bärtiger Männer, die Haken schwangen und Schlangen wie Schals um den Hals gewickelt hatten.

Das Gebot »Du sollst nicht töten« zeigt mehr dank als trotz der damit verbundenen Aporien, wie sehr die Schriftreligionen um ein vergleichbares Problem kreisen. In der westlichen Welt steht am Beginn ihrer griechischen Anfänge der Streit des Herrschers (Agamemnon) und des Militärführers (Achilles), die in entgegengesetzte Richtungen streben und einander zugleich ergänzen.

Die weltweite Insubordination der neuen Krieger liegt in keiner der Kulturen, die davon aufgesprengt werden, außerhalb des Vorstellungsvermögens. Jede Kultur gründet in der gegenwärtigen symbolischen und praktischen Beherrschung der Gewalt, die sie in sich selbst und um sich herum findet.

Folglich ist die Freisetzung der kriegerischen Funktion eine Kampfansage an jede Kultur. Sie erfolgt keineswegs als Zusammenprall verschiedener Kulturen. Im Gegenteil: Nur im Kampf für die Kultur, gegen das Chaos, kann der Versuch unternommen werden, des vernichtenden Nichts zerstörischer, bindungsloser Kräfte Herr zu werden.

Das Auftauchen einer Gewalt ohne jegliche symbolische und manchmal politische Hemmungen zwingt uns, den Krieg in der Vielfalt seiner Dimensionen neu zu überdenken und uns eine neue Vorstellung vom Krieg zu machen.

Von der beschränkten Abschreckung zur generalisierten Abschreckung

Das Spektrum der möglichen Formen von Gewalt fügt sich nicht länger in den Rahmen der unbedingten und endgültigen Entscheidung durch Waffen, *ultima ratio* von Napoleon über Verdun bis Stalingrad. Der nuklearen Abschreckung liegt die vernunftkalkulierte Notwendigkeit zugrunde, eine für beide Gegner tödliche Eskalation zu verhindern. Damit ist zentraler Bezugspunkt nicht mehr ein Schlachtfeld, auf dem es einen Sieger und einen Besiegten gibt, sondern existentieller Bezugspunkt ist der Abgrund, der beide Gegner zu verschlingen droht. Das Ende des Kalten Krieges hat diesen Abgrund nicht verschlossen, sondern im Gegenteil vergrößert. Bestes Beispiel ist der Völkermord in Ruanda. Die Geschwindigkeitsrekorde, die dort beim Töten aufgestellt werden, und die katastrophalen Folgen sichern ihm auf der Liste der schlimmsten soziopolitischen Greueltaten zusammmen mit dem Wüten der Roten Khmer in Kambodscha den zweiten Platz direkt hinter Auschwitz.

Die strategische Vernunft ist wenig geneigt, die nackte Kriegslust abzusegnen und betreßten Aufschneidern freie Bahn zu lassen, sondern zielt in erster Linie darauf ab, das Schlimmste zu verhindern. Im Laufe der Zeit nimmt »das Schlimmste« ein immer neues Gesicht an. Clausewitz ging es in erster Linie darum, den Sieg eines potentiellen Gegners zu verhindern: Das europäische Gleichgewicht gründete auf der strategischen Verteidigung, die jede »große« Nation, sofern sie sich militärisch und diplomatisch gut vorbereitet hatte, in die Lage versetzte, den Angriff eines auf Krieg sinnenden Nachbarn aufzuhalten. Dieses Gleichgewicht des bewaffneten Friedens funktionierte, wenn auch unter Schwierigkeiten, von 1815 bis 1914. Im Kalten Krieg trat an seine Stelle das Gleichgewicht des Schreckens.

Das Antlitz des Schlimmsten schien sich bildhaft in der atomaren Apokalypse zu konzentrieren. Mit einer Ambivalenz, welche die Friedensbewegung weidlich ausnützte: Wenn um jeden Preis die Vernichtung im nuklearen Feuer vermieden wer-

165

den muß, ist es dann nicht besser, das Gesetz des Siegers nach dem Motto »lieber rot als tot« zu akzeptieren, wer auch immer der Sieger sein mag? Aufgrund der Erfahrungen, die Europa im 20.Jahrhundert gemacht hat, konnte die einzige Antwort nur lauten, daß das Schlimmste nicht immer die Atomwaffe war, daß man Hiroshima riskieren mußte, um Auschwitz zu verhindern.

Nach Beendigung des Kalten Krieges ist das Ende der Welt weiterhin auf der Tagesordnung der Geschichte. Nicht sehr wahrscheinlich ist ein Schlag, ein einziges nukleares Aufbäumen, bedrohlicher schon ein schrittweises Ende, eine Abfolge von Völkermorden und von Verbrechen gegen die Menschlichkeit, die immer deutlicher die scheibchenweise Vernichtung der gesamten Menschheit, Volk um Volk, erahnen lassen: »Wir haben in diesem Jahrhundert die Zerbrechlichkeit der Menschheit in der doppelten Bedeutung des Wortes erkannt, das heißt einmal, daß sie durch Atomwaffen vernichtet werden kann, und zum anderen, daß die Übereinkünfte, die Moralkodizes von der Grausamkeit zermalmt werden.« Da sich die Fähigkeit zur totalen Vernichtung mit großen Schritten ausbreitet, sind wir am Ende des Kalten Krieges gezwungen, von der begrenzten (atomaren und bipolaren) Abschreckung zu einer generalisierten (globalen und humanitären) Abschreckung überzugehen.

Die Abschreckung verfolgt ein negatives Ziel. Ihr Schutz verheißt keine strahlende Zukunft und keinen ewigen Frieden, sondern hemmt den Lauf der Katastrophe, hält das Massaker auf, bewahrt die Menschheit, entweder teilweise oder als Ganzes. Die Abschreckungsgewalt muß einen Schutzwall gegen das Schlimmste errichten, die Clausewitzsche Sperre gegen den Aggressor, wonach eine große Nation dem Angriff ihre Verteidigung entgegensetzt.

In der atomaren Strategie ist diese Sperre *stricto sensu* die sogenannte »Zweitschlagkapazität«, da sie den Aggressor mit einer Reaktion bedroht, deren Folgen für ihn nicht tragbar sind. Eine erweiterte Abschreckung, die den Bereich der Vernichtung unterhalb der nuklearen Schwelle oder unter Beimischung nuklearer Waffen abdeckt, muß in der Lage sein, den Aggressor zu lähmen. Ihre Glaubwürdigkeit kann es unter Umständen, wenn die anderen Mittel erschöpft sind (diplomatischer Druck, Wirtschaftsembargo), erforderlich machen, daß eine militärische Intervention aus humanitären Gründen erfolgt.

Auf dem Weg zum humanitären Krieg

Die künftigen Kriege sind keine »gerechten« Kriege. Die gerechten Kriege wurden gedacht und legitimiert auf dem Hintergrund einer universellen Ordnung, die es wiederherzustellen galt und deren Natur außerhalb jedes Zweifels stand (religiös, kulturell oder philosophisch sanktioniert). Legt man die Kriterien des gerechten Krieges zugrunde, so ist die Intervention der UNO unter amerikanischem Kommando in Somalia eindeutig gescheitert: Sie konnte weder den Frieden im Land noch die wirtschaftliche Erholung, noch eine demokratische Entwicklung sicherstellen, nicht einmal garantieren, daß sich die Hungersnot, die den Anstoß zu der Operation gegeben hatte, nicht wiederholen würde. Beurteilt man die Intervention jedoch unter dem Blickwinkel des humanitären Krieges, dann ist das bewaffnete Eingreifen in Somalia trotz Fehlern und Unzulänglichkeiten eher ein Erfolg: Hunderttausende von Kindern, die vor dem Hungertod bewahrt wurden, sprechen für die erfolgreiche Rettung aus höchster Not.

Humanitäre Einsätze, ob zivil oder militärisch, müssen nach ihrer begrenzten Zielsetzung beurteilt werden. Sie erheben nicht den Anspruch, für einen Zeitraum von Jahrhunderten eine politische, soziale oder ideologische Identität zu schaffen oder wiederherzustellen. Sie wollen keine Wertordnungen durchsetzen, sondern ihr Zweck ist es, in einer aufs äußerste zugespitzten Situation einzugreifen und das Schlimmste zu verhindern. Das erklärt, warum selbst angesichts des Erfolgs Unzufriedenheit bleibt: Die Situation ist nicht mehr unerträglich, aber Gerechtigkeit herrscht nicht.

Für humanitäre Kriege gilt nicht die Logik von »Verteidigungskriegen«, die ohne weitergehende Abwägungen durch das unmittelbare vitale Interesse gerechtfertigt sind: durch die Notwendigkeit, einem Aggressor zu widerstehen und ihn am tatsächlichen oder vermuteten Eindringen auf das eigene Territorium zu hindern. Die humanitäre Abschreckung kämpft nicht unmittelbar *pro aris et focis*. Ihr liegt eine weiter gefaßte Vorstellung dessen zugrunde, was vitales Interesse bedeutet, und damit verbinden sich natürlich viele Fragen.

Bis zu welchem Punkt kann ein Volk mit ansehen, wie ein anderes ausgelöscht wird? Muß man immer und überall eingreifen? Mehrere Wochen lang übte sich die Regierung Clinton in wenig respektabler Weise in der Kunst der abgewogenen Formulierung, um die Metzelei in Ruanda nicht als Völkermord bezeichnen zu müssen. Die Verwendung dieses Begriffs impliziert international eine Verpflichtung (ohne Sanktion) zum Eingreifen. Überdies hätte dieses Wort womöglich die Öffentlichkeit alarmiert.

Humanitäre Interventionen haben nicht nur den Nachteil, daß sie das Pferd von hinten aufzäumen, sie machen auch deutlich, wie schwer es ist, ausreichend Interesse zu wecken, daß sie überhaupt in die Wege geleitet werden können. »Man muß nur daran denken, welches Debakel der Verlust von achtzehn amerikanischen Soldaten in Somalia ausgelöst hat oder der überstürzte Abzug des amerikanischen Flugzeugträgers *Harlan County* angesichts der Bedrohung durch eine Handvoll bewaffneter haitianischer Banditen . . . Dies findet man keineswegs nur in Amerika. Kürzlich weigerten sich Großbritannien und Frankreich (ganz zu schweigen von Deutschland), eigene Truppen ins ehemalige Jugoslawien zu entsenden, wo sie sich den Aggressoren hätten entgegenstellen sollen . . . Gegenwärtig ist es an der Tagesordnung, daß Familien, die mit der Entscheidung ihrer Kinder für die Armee einverstanden waren, es als einen regelrechten Skandal betrachten, wenn sie verletzt oder getötet werden, und nicht bereit sind, darin ein Berufsrisiko zu sehen. Da man Menschenleben nur dann zu riskieren bereit ist, wenn eine kritische Situation das beherrschende nationale Thema ist, begibt man sich einer besonders wirkungsvollen Möglichkeit des Einsatzes von Gewalt: der Möglichkeit der Intervention im Vorfeld und nicht im nachhinein, was eine Eskalation verhindern kann.«

Die bewaffnete humanitäre Intervention, die Form des Krieges im 21. Jahrhundert, ist nichts Selbstverständliches. Sie stützt sich nicht auf den Dogmatismus der gerechten Gründe, denn bei ihr geht es um Einmischung in eine unklare Auseinandersetzung, bei der man nicht in erster Linie die Guten von den Bösen unterscheidet, sondern eher die Mörder von den Opfern, und das zusätzliche Risiko trägt, zu erleben, wie die Vernichtungswut auf diejenigen übergreift, die gerade ihre Folgen erlitten haben.

Es gibt keine durch und durch gute »Seite«. So haben die ethnischen Säuberungen des rot-schwarzen serbischen Faschismus Nachahmung auf kroatischer Seite gefunden und entsprechende Versuchungen bei den Bosniern geweckt. Der humanitäre Krieg ist ein intellektuell kompliziertes, diplomatisch schwieriges Unterfangen, das nicht viele Wählerstimmen einbringt – und wird somit zwangsläufig selten vorkommen. Da er eine Art allerletzter Rettung ist, hinkt er immer hinter den Ereignissen her. Die öffentliche Meinung stimmt erst zu, wenn weniger gewaltsame Maßnahmen erschöpft sind. Er ist eine Ausnahme, eine Notlösung, deren Anwendung nur eine ausweglose Situation rechtfertigen kann.

Dennoch erweist sich der humanitäre Krieg in seiner Seltenheit und mit all seinen Schwierigkeiten als *ultima ratio*, die das mörderische ansteckende Fieber des neuen Tötens um der Identität willen einzudämmen vermag. Wer sich weigert, einen Krieg zu führen, den er nicht vermeiden kann, verliert ihn. Die Demokratien geben sich alle Mühe, zwei humanitäre Kriege zu verlieren: einen im ehemaligen Jugoslawien, wo sie mit ihrer Unterschrift unter verschiedene Entwürfe für eine Übereinkunft halblaut dem Ergebnis der unerträglichen ethnischen Säuberungen zugestimmt haben; den anderen in Ruanda, das direkt vor ihren Augen, wenn nicht gar mit ihrer Hilfe, in einem Meer des Schreckens versinkt.

Angesichts der Illusion heiliger Kriege, jenseits der zu engen Vorstellungen einer rein nationalen Verteidigung zeichnen sich mit humanitären Interventionen Kämpfe für die Kultur ab. Nicht für diese oder jene Kultur, mag sie auch mit so illustren

Begriffen belegt sein wie »jüdisch-christlich«, »griechisch-römisch«, »buddhistisch«, »muslimisch«, sogar »slawisch« oder »panafrikanisch«. Oder würde sie umgekehrt gebrandmarkt als »kapitalistisch«, »technisch-zerstörerisch« oder »logozentrisch«. Es geht nicht darum, ein System der Identifikation auf Kosten der anderen zu retten, auch nicht darum, eine Wertordnung über andere, konkurrierende zu erheben, sondern darum, überhaupt die Möglichkeit zu erhalten, daß sie konkurrieren können. Es besteht Veranlassung, weniger eine Kultur zu bewahren, als vielmehr das Prinzip, das allen Kulturen erlaubt zu existieren.

Wenn es nicht gelingt, einer explosiven, entfesselten und mit immer besseren Waffen ausgerüsteten Gewaltsamkeit Einhalt zu gebieten, wird ein verwüsteter Planet übrigbleiben. Die alten Griechen erhoben die Notwendigkeit, zwar nicht den Schein zu wahren, aber doch das Erscheinen zu retten, bisweilen zum kategorischen Imperativ: *sozein ta phainomena*. Am Ursprung einer jeden Kultur steht nicht nur diese oder jene spezifische Erfahrung, sondern die vorausgehende Möglichkeit, überhaupt eine Erfahrung zu machen, welcher Art sie auch sei. Daher die Verpflichtung, sie zu schützen (»die Bude retten«, wie de Gaulle salopp sagte), indem man die alles verschlingende Zerstörungswut aufhält. *To be or not to be* ist nach wie vor die Frage aller Fragen. Zerstören, was zerstört, ist die elementarste Forderung und am schwierigsten in die Tat umzusetzen.

X. Der Pantoffel ist der Feind

Die Einwohner Asiens waren
nur *einem* untertan, da sie
eine Silbe nicht aussprechen
konnten!
Das Wort *Nein* . . .

Montaigne,
Essais I, 26

Um des lieben Friedens willen,
das Motto aller bürgerlichen
und geistigen Feigheiten

C. Péguy,
Anmerkung

De Gaulle hielt sein Leben lang beharrlich an seinem Standpunkt fest. Er verweigerte sich. Er wetterte: »Es sind immer die gleichen . . . und Vichy fängt wieder an.« In den Herzen der Demokratien lauert in einer Ecke eine allgemeine Bereitschaft abzudanken und verleiht dem Pétainismus den Anschein von Ewigkeit.

Die Idee der Größe erlaubt keine doktrinäre Definition, sie spiegelt so wenig das Bruttosozialprodukt, die Anzahl der Raketen und die Qualität der Freunde wider, daß der seltsame General, der sich gerade auf diese Idee berief, sich manchmal fragte, ob der 18. Juni 1940 nicht ein gigantischer Bluff war mit der Folge, daß ein in einer Illusion befangenes Frankreich auf der Höhe seiner vergangenen Geschichte blieb. Größe ist ein unsicheres, flüchtiges Maß, und sie wird erst im Vergleich zu krasser zutage tretenden Mittelmäßigkeiten erkennbar: »Das französische Volk mußte wählen zwischen der Größe und der Niedrigkeit.« Erst wenn die letztgenannte offensichtlich ist, wird die erstgenannte gefühlsmäßig zwingend erfahrbar. Es mußte François Mitterrand kommen, damit Charles de Gaulle wiederentdeckt wurde.

Ein Präsident bleibt sich treu

Im Oktober 1994 konnten die Franzosen über eine Stunde lang im Fernsehen, Auge in Auge, einen besonnenen, gelassenen alten Mann sehen, ihren Präsidenten. Auf dem Bildschirm beschwor er seine Vergangenheit herauf. Rückkehr in den Frühling seines Lebens, mit fünfundzwanzig. Ohne den Hauch eines Zögerns, ohne Bedauern und Bereuen. Kein Quentchen Selbstkritik. Er schildert seine Verbindung zum Vichy-Regime ohne Gewissensbisse als eine normale, verbreitete Entscheidung. Er gewährt sich die Absolution.

Damals hat dieser jugendliche, geschätzte Funktionär nichts gesehen. Am Ende seines Lebens sieht er immer noch nichts. Was soll Schlimmes dabei sein? Würde ein Abiturient in der Prüfung die antijüdischen Gesetze der damaligen Zeit so herunterspielen wie Mitterrand in dem Interview, wäre ihm eine Sechs minus gewiß. Ohne eine Spur von Verlegenheit bekannte Mitterrand, daß er von 1945 bis 1990 regelmäßig Kontakt mit hohen Funktionären von Marschall Pétain hatte, Männern, die eng mit den Nazis kollaboriert hatten. Darunter auch René Bousquet. »Ein Mann von außergewöhnlicher Statur«, räumt der Präsident ein.

Das ist untertrieben. Der außergewöhnliche Mann, damals Polizeichef, schloß Vereinbarungen mit dem SS-General Oberg, plante und organisierte die »große Razzia von Vel'd'Hiv«. Das heißt, in Paris wurden am 16. Juli 1942 dreizehntausend dem Tod geweihte Juden zusammengetrieben. Dazuhin schickte der pflichtbewußte Mann noch viertausend Waisenkinder und ausländische Juden aus dem nichtbesetzten Frankreich mit, die die Deutschen gar nicht verlangt hatten. »Ein interessanter Mensch«, fährt François Mitterrand fort.

Zur Erinnerung: Zwischen 1940 und 1942 war die Vichy-Regierung eifriger, als die Nazis es von ihr verlangten, und reinigte das Land von allen jüdischen Schandflecken, Säuglinge eingeschlossen. Aus eigenem Antrieb organisierte sie eine humanitäre »Familienzusammenführung« für die Konzentrationslager. Das bedeutet, daß der Präsident der französischen Republik, der Oberbefehlshaber der Streitkräfte, Garant der Verfassung, höchste moralische Autorität im Land der Menschenrechte, der Mann, der sich damit brüstet, Aufklärung und Gerechtigkeit zu verkörpern, regelmäßig einen französischen Eichmann an seinen Tisch bat. Nichts ohne Gegenleistung: Wir erfahren in der Sendung, daß Bousquet die Wahlkämpfe des Kandidaten Mitterrand finanzierte, des Hoffnungsträgers des modernen Sozialismus, unseres neuen Jean Jaurès. Der den Prozeß gegen Bousquet von 1983 bis 1990 hinauszögerte. Bis Bousquet schließlich erschossen wurde – von einem Verrückten, wie es heißt.

Mögen die Amerikaner sich an Watergate erinnern und die Deutschen an den Fall ihres Präsidenten Lübke (1968) und die Affäre des baden-württembergischen Ministerpräsidenten Filbinger (1978). Es gibt Länder, wo gänzlich offensichtliche Lügen und allzu bequeme Erinnerungslücken zur Folge haben, daß einige Unvorsichtige aus dem Amt gejagt werden. Nicht so in Paris. Das politische Establishment, gleichgültig welcher politischen Richtung, zieht den Kopf ein. Wie sein Pendant in Österreich führt der Präsident seine Amtszeit zu Ende, die längste (vierzehn Jahre) in der Geschichte der V. Republik; seit Napoleon III. hat niemand so lange das Ruder in der Hand gehabt.

Allem Anschein nach ist es nur ein lokaler Skandal, der Lebenslauf des Präsidenten stellt eine pittoreske Absonderlichkeit dar, mit der Zukunft Europas hat er genausowenig zu tun wie die Wahl der kleinen Mussolini in Neapel. Jedenfalls so lange nicht, wie man die schlafwandlerische und unerschütterliche Art, sich inmitten des Elends und der Verbrechen unseres Jahrhunderts zu bewegen, nicht als eine schwere, ansteckende Krankheit bezeichnen muß.

Wie kann es sein, daß jemand nichts erkennt und nichts lernt, weder während der Ereignisse noch danach, wenn er sich als denkender und nachdenklicher Mensch versteht, als Schriftsteller, Sprachrohr des Rechts, der Demokratie und der Würde der kleinen Leute? Keine Spur von Geistesschwäche bei einem Mann, der systematisch und gewissermaßen bereitwillig die Augen schließt, lügt und sich belügt seit mehr als einem halben Jahrhundert. Er hat eine perfekt intellektuelle Mechanik eingerichtet, die im Dienste seines ruhigen Gewissens funktioniert. Er bleibt sich selbst treu wie ein Walzer im Dreivierteltakt:

1. In der Situation erschüttert ihn nichts. Kein Anzeichen einer noch so großen Katastrophe rührt ihn. 1942 besucht er Paris, aber die gelben Sterne auf den Mänteln derer, die dem Tod durch Abschlachten geweiht sind, fallen ihm nicht auf. Er arbeitet in Vichy, der Hauptstadt der Kollaboration, er geht ohne ein Gefühl des Abscheus inmitten der Fanatiker der »nationalen

Revolution« umher, die die Menschenrechte und hundertfünf-
zig Jahre französischer Geschichte auslöschen will.

Ein halbes Jahrhundert verstreicht. Nun ist er Präsident und
hütet sorgfältig den ihm vorbehaltenen Bereich, die Diplomatie
und insbesondere die afrikanischen Angelegenheiten. Er und
sein Sohn Jean-Christophe machen es sich zur besonderen Aufgabe, vor allem von 1990 bis 1993, die regierenden Hutu in Ruanda mit Männern, Waffen und Krediten zu unterstützen. Drei
Jahre lang versuchen regierungsunabhängige und humanitäre
Organisationen vergebens, den Elysée-Palast auf die dramati-
sche Situation aufmerksam zu machen, ihre Berichte geben
Zeugnis davon. Frankreich war und blieb die einzige westliche
Macht, die die rassistische Regierung des Präsidenten Habyari-
mana unterstützte. Das Massaker an den Tutsi wurde in aller
Offenheit vorbereitet. François Mitterrand beendete seine
Laufbahn, wie er sie begonnen hatte: als Komplize eines Völ-
kermordes.

2. Hinterher lernt er nicht daraus. Das elysische Frankreich
erscheint ihm genauso unschuldig und makellos in seiner Ruan-
da-Politik, wie er es als kleiner Karrierist war, der unter Pétain
die ersten Schritte auf dem Weg zur Macht unternahm.

3. Zum Schluß wischt er alles weg. Der Vasall des Marschalls
wird zum Widerstandskämpfer nach Stalingrad. Er poliert sein
Bild von sich selbst auf. Im Sommer 1994 leitet er die Operation
»Türkis« ein, dank der die französische Armee glücklich einige
tausend Menschen rettet, die bei dem Morden vergessen wurden, und er kaschiert damit seine Verantwortung für das vorausgegangene Blutbad.

Das Räderwerk ist gut geölt. Wer seine Fehler nicht erkennen
will, wiederholt sie. Gleiche Ursachen, gleiche Folgen. Wer sich
selbst reinwäscht, fängt genauso wieder an.

Seltsamerweise vergiftet diese geistige Sperre die deutsch-
französischen Beziehungen. Schleichend. Nachhaltig. Als
Kanzler Kohl 1984 sein Bedauern ausdrückte, daß man ihn
nicht zu den Feierlichkeiten zum 40. Jahrestag der Landung in
der Normandie eingeladen hatte, bot François Mitterrand ihm
zum Trost einen Besuch in Verdun an und die berühmte Pose

Hand in Hand. Gleiches Szenario zehn Jahre später: keine Deutschen an den Stränden, wo die Alliierten gelandet sind, aber ein Defilee des Eurokorps auf den Champs-Elysées am 14. Juli.

Man tut so, als glaube man, die Uneinigkeit zwischen Deutschland und Frankreich sei der Schlüssel zum Zweiten Weltkrieg, da sie ja der Schlüssel zum Ersten Weltkrieg war! Als wäre 1940–1944 nichts anderes als die Wiederholung von 1914–1918. Frankreich besiegte Deutschland 1918, Deutschland nahm Rache 1940, und Frankreich (oder vielmehr seine Verbündeten) gewann 1945 . . . Alles ist ausgeglichen. Es reicht also, wenn man in Verdun verkündet, daß der Krieg vorüber ist, und damit ist alles erledigt.

Für Mitterrand ist mit den totalitären Verbrechen kein neues Zeitalter angebrochen. Hitler, Stalin, Auschwitz, der Gulag bedeuten keine Zäsur, welche die Geschichte in zwei Teile spaltet, ein Vorher und ein Nachher. Europa besteht unverändert fort. Dementsprechend ist nach dem Fall der Mauer Deutschland wieder der Feind Nummer 1 und die beherrschende Obsession des Präsidenten. Das erklärt seine Weigerung, das erste Mal gemeinsam mit Helmut Kohl durch das Brandenburger Tor zu schreiten. Und es erklärt die plötzliche Sympathie für Egon Krenz, die letzte in Berlin regierende kommunistische Marionette. Und die Bemühungen, Gorbatschow auf dem Weg zur deutschen Wiedervereinigung noch aufzuhalten. Und die kaum verhüllte Unterstützung für die Putschisten in Moskau im August 1991. Und die proserbische Politik angesichts einer angeblich bestehenden Achse Bonn-Zagreb-Vatikan. Der Elysée-Palast beschuldigt Deutschland halblaut, den Krieg im ehemaligen Jugoslawien beschleunigt zu haben, und rühmt sich schamlos, eine dem in Sarajevo 1914 ausgelösten Weltenbrand vergleichbare Ausweitung verhindert zu haben.

Was spielt es schon für eine Rolle, daß der halbe europäische Kontinent um Hilfe schreit, nachdem er in einen Zustand unbeschreiblicher moralischer, wirtschaftlicher und ökologischer Zerrüttung dem Kommunismus entronnen ist! Daß in Bosnien innerhalb von drei Jahren genauso viele Menschen – im Verhält-

177

nis zur Bevölkerungszahl – getötet wurden wie in Frankreich bei den unvorstellbaren Metzeleien im Ersten Weltkrieg, beunruhigt den Gastgeber im Elysée nicht über Gebühr. Daß allmählich ethnische Säuberungen im Herzen von Europa gang und gäbe werden, rührt ihn genausowenig. Daß die internationale Gemeinschaft zusieht, wie fünfzig Jahre nach der Öffnung der Vernichtungslager in Afrika ein Völkermord stattfindet, schlägt sich nicht in seinen Reden nieder, ändert weder die Dimension der Probleme noch ihre Gewichtung, noch die politischen Maßnahmen.

Jedesmal, wenn François Mitterrand »Europa« sagt, heißt das »Deutschland«. Er hat nur Augen für Deutschland, mit der Eifersucht eines Poincaré beobachtet er den Erzrivalen, wie Pétain schmeichelt er dem ewigen Partner. Er hat nicht vorausgeahnt, daß die Geschichte die Probleme verschieben und die Herausforderungen neu stellen könnte, er glaubt, daß sich nichts bewegt.

Die schmutzigen Details seiner politischen Laufbahn und seiner Freundschaften waren mir unbekannt, aber nie empfand ich ihm gegenüber, das gebe ich zu, etwas anderes als ein instinktives Mißtrauen. Als er in Vichy die höchste Auszeichnung des »Etat français« erhielt – die Doppelaxt des Marschalls –, war ich fünf Jahre alt und wurde fünfundzwanzig Kilometer von Vichy entfernt in ein Sammellager für einen Transport nach Auschwitz gesperrt. Ich entkam dank des Muts meiner Mutter und der Freundlichkeit einiger einfacher Gendarmen, die offenbar besser als der junge, talentierte künftige Präsident wußten, welches Schicksal mir zugedacht war. Später, als ich das Gymnasium besuchte, hörte ich, wie derselbe Mann, inzwischen Innenminister, die »Algérie française« pries und fünfhunderttausend Wehrpflichtige in den letzten französischen Kolonialkrieg schickte. Fünfzehn Jahre später eine Kehrtwendung. Nachdem er zur mustergültigen Verkörperung des Antiimperialismus avanciert war, verwandte er kein Wort und wahrscheinlich auch keinen Gedanken darauf, seine früheren Positionen zu erklären. »Ein Mann, der sich nichts verbietet, ist zügellos im Umgang mit der Macht.«

Ein ewig Unfehlbarer! Zuviel Verschleierung in meinen Augen. In der Zwischenzeit hatte ich bei den Dissidenten den ewiggültigen Befehl von Sokrates wiedergefunden: Erkenne dich selbst, indem du deine eigenen Irrtümer verleumdest. Suwarin, Koestler, Solschenizyn konnten den Kommunismus nur deshalb radikal kritisieren, weil sie in früherer Zeit Sympathien für ihn gehegt hatten; weil sie es wagten, nach dem Stalin in sich selbst zu forschen, waren sie in der Lage, die Ideologie ihres philosophischen Zaubers zu entkleiden. Ich konnte Mitterrand niemals meine Stimme geben – nicht wegen der begangenen Irrtümer (meiner eigenen . . .), sondern seiner beharrlichen Weigerung wegen, dazu zu stehen.

Unser Präsident ist kein Einzelfall. Gern hätte ich die Ansicht vertreten, er repräsentiere eine Generation, die mit festen Überzeugungen in das Jahrhundert der Waffen eingetreten sei und sich gegen ihren Verlust wehre: Die Zahl derer ist Legion, die ihren Verstand der *France Eternelle* opfern oder Deutschland *über alles* oder England *right or wrong*, unüberschaubar das Heer derer, die zu Chauvinisten einer Partei, einer Klasse oder einer Rasse geworden sind. Offensichtlich kluge Köpfe waren auf erbärmliche Weise nicht einmal zu einem Mindestmaß an Selbstkritik fähig: Martin Heidegger, Carl Schmitt und viele andere im roten oder im schwarzen Lager.

Diese europäische Seelenkrankheit reicht über den Zeitrahmen einer Generation hinaus. Mein Freund Peter Schneider spricht in seinem Kampf gegen das Schweigen bestimmter Intellektueller in der ehemaligen DDR den Protest aus, der jedesmal in mir aufsteigt, wenn ich den über jeden Tadel erhabenen Präsidenten sehe: »Seine Irrtümer verstehen und sie anerkennen gehört im Grunde zum Besten, wozu der Mensch fähig ist; in der Reihenfolge der Wichtigkeit kommen die Irrtümer gleich nach der Erkenntnis, weil sie deren Bedingung sind. Und weil es sich so verhält, ist es, wie Sir Popper sagt, das größte intellektuelle Verbrechen, die Irrtümer schweigend zu übergehen oder sie auszuscheiden, indem man sie leugnet.«

Frankreich hat einen Drehschwindel bekommen, weil es sich zu lange um einen Alchemisten der Verwirrung drehte, der nichts Großes geschaffen hat mit Ausnahme seiner Meinung über sich selbst.

Die Sonntage des Lebens

Vichy, das Gesicht rußgeschwärzt, vollendet eine Bewegung, die lange davor begann und weitergeht. »Wir sind verantwortlich dafür, daß wir es geschehen ließen, daß wir den Krieg über uns kommen und den Haß wachsen ließen . . ., aber wir waren vergeßlich . . .: Der Unsicherheit des sich ankündigenden Jahrhunderts fügten wir die Verdunklung dessen hinzu, was war, gestern und unlängst. Mit der Feder in der Wunde zu wühlen, das hieß auch: Die Forderung der Vergangenheit in die Unsicherheit der Gegenwart hineinschreiben.« Der Geist der Maginot-Linie belebt beständig aufs neue das trügerische Bild von Sicherheit, die egoistische Nachsicht mit sich selbst, die einfältige Verleugnung der äußeren Welt.

Mangelnder Mut und Ablehnung des Risikos – sterben für Danzig? – vermischen sich mit einer unstillbaren Gier nach Ruhe – alles ist bestens, Madame la Marquise! Im kunstvollen Gedankenspiel eines postumen Dialogs fragt Malraux seinen General nach dem Vertragsbruch. Er hört sich antworten: »Warum sollten die Spanier mich nicht geliebt haben? Sie lieben doch Don Quichotte! Aber die Welt hat die Pantoffeln angezogen. Die Mäuse tanzen . . .« Don Quichotte kommt immer entweder zu spät oder zu früh. Er wappnet sich für die Katastrophe, während die Menschen um ihn herum nur Windmühlen sehen. Die Mäuse tanzen, während die Katze, ihr Verhängnis, geduckt im Dunkeln lauert.

In ruhigen Zeiten läßt man de Gaulle wie Hamlet, den er zitiert, links liegen. Die Männer der »großen Auseinandersetzung« scheinen »in Harnisch« zu leben in den Augen eines jeden, der noch nicht oder nicht mehr erkennt, daß der Schrecken, der sich drohend vom Grund der Zeit erhebt, nicht der Unnachgiebigkeit der wenigen Wachsamen anzulasten ist.

Auf ihrer Suche nach Frieden sorgen sich die Gewissen nur

um seelische und soziale Sicherheit. Allem Anschein nach liegt es in unserem paradox verstandenen Interesse, daß unser Blick das nicht erfaßt, was unsere Interessen bedroht. Der Seelenfrieden und der politische Frieden hängen davon ab, daß die ihnen drohenden Gefahren bis zur Unkenntlichkeit entstellt werden. Wenn es stimmt, daß glückliche Völker keine Geschichte haben, dann deshalb, weil sie jene Geschichte nicht erfassen, die sie umfaßt, sie bedrückt, sie beflügelt und bisweilen auch erdrückt. Sie produzieren Eliten, die die Lage in ein günstiges Licht zu setzen vermögen.

»Wer hätte das gedacht?« ist der Aufschrei der öffentlichen Meinung, wenn ein Krieg losbricht, wenn eine Revolution ihre Kinder frißt, oder wenn ein bis dahin unbekannter Krankheitserreger zuschlägt. »Wer will schon das Messer erneut in die Wunde stoßen und die Narben der Erinnerung wieder aufreißen?« fragen sich die vergeßlichen Gesellschaften hinterher, nachdem sie mit knapper Not noch einmal davongekommen sind.

Auf dem schmalen Grat zwischen mangelnder Vorausschau einerseits und Erinnerungslücken andererseits muß jede Generation in Europa auf eigene Kosten eine neue Wachsamkeit erlangen. Aufgewachsen mit dem tröstlichen Versprechen, daß die vergangenen Tragödien endgültig überwunden seien – nie wieder! –, muß jede Generation die Erfahrung machen, daß die allzu vorsichtigen Vermeidungsstrategien das Übel in sich bergen, das sie doch angeblich bannen. Blut trocknet rasch. Kaum schweigen die Waffen, feiern die Verantwortlichen die endgültige Schließung des Janus-Tempels . . . Jeder kehrt in sein kleines Reich zurück und verschließt seine Tür vor der Vergangenheit, der Zukunft und dem Leid des Nachbarn.

* * *

Der aufsehenerregende Schmerz des anderen sät Unordnung, seine durchdringenden Schreie erschüttern die ruhigen Gewissen. Das »Unglück der anderen« beeinträchtigt unser In-der-Welt-Sein, weil es unserer Vorstellung von der Welt widerspricht. Es sprengt diesen »Kosmos«, wo die Gesamtheit der

Lebewesen den Wohlgeruch von Schönheit atmet, das Versprechen von Harmonie und die Gewißheit von Sicherheit.

Die fundamentalen Erschütterungen, die Erdbeben, Flutwellen, Epidemien und die Schar der Heimsuchungen, schweben von Anbeginn an bedrohlich über der Conditio humana, stellen das harmonische Bild der Existenz grundsätzlich in Frage. Aufgeschreckt durch das Erdbeben von Lissabon brach Voltaire mit dem Optimismus seiner Zeitgenossen, die Tausende verschütteter Körper widersprachen Popes »What ever is, is right«. An jenem 1. November 1755 widerlegte das Martyrium der Unschuldigen die volkstümliche Version der Leibnizschen Philosophie: Nichts stand zum Besten in der besten aller möglichen Welten.

> »Tröstet mich nicht, ihr macht meine Qualen bitter . . .
> Elemente, Tiere, Menschenwesen, alles ist im Krieg.
> Man muß zugeben, das Übel ist auf der Erde.«

Die Fernsehnachrichten bestätigen es allabendlich.

Der Protest gegen das Übel dauert nicht lange. Voltaire trifft in Rousseau jemanden, der mit gewichtiger Stimme die Gegenposition bezieht. In *Candide* verfeinert er seinen Entsetzensschrei, und später beruhigt er sich mit der Vorstellung, daß ein göttliches Uhrwerk in aller Stille unser Chaos regelt. Diesem ironischen und praktischen Geist schien es nötig, daß die einfachen Menschen vor einem Gott Respekt hatten, der strafen und belohnen konnte: »Ich will, daß mein Prokurator, mein Schneider, meine Diener und auch meine Frau an Gott glauben; ich stelle mir vor, daß ich darum weniger bestohlen und betrogen werde.«

Eine soziologische Erklärung für den Griff zu Beruhigungsmitteln drängt sich auf, reicht aber nicht aus. Die Reichen und Fähigen ertragen es schlecht, daß ihre Herrschaft gestört und ihr Vorrang in Frage gestellt wird. Trotzdem hat Frankreich seit 1789 alle zwanzig Jahre einen Krieg, eine Revolution oder zumindest eine größere Krise erlebt, die das Land bis in die Grundfesten erschütterte; so zum Beispiel die Affäre Dreyfus, die in die schlummernden Gewissen einbrach.

Der von der Mehrheit abweichende General, der bewaffnet

mit einem Stift, einem Mikrophon und vernünftigen Büchern zum Widerspruch und Widerstand aufruft, fand, wie könnte es auch anders sein, kein Echo bei den Leuten, die das Sagen hatten. Er versammelte die Fischer der Île de Sein, Kadetten aus gutem Hause, die mit ihren Familien gebrochen hatten, aufsässige Staatenlose, Flüchtlinge aus ganz Europa und Bettler um sich, die beschlossen, wieder einmal in unendlicher Einsamkeit, daß es im Angesicht des Despotismus »die heiligste und erste Pflicht« (Verfassung des Jahres I) sei, sich zu erheben. Unglücklicherweise tritt diese Kultur der Frechheit nur in stürmischen Zeiten zutage. Sobald sich das Unwetter verzogen hat, breitet sich wieder die reglose Ruhe der getrösteten Seelen aus. Der Grund für die ewige Wiederkehr der Filzpantoffeln und der Vogel-Strauß-Politik muß weniger im sozialen Bereich gesucht werden als im geistigen und vor allem im metaphysischen.

Sein Leben gewinnen

Traditionell nennen wir »Trost« eine Haltung in der individuellen oder kollektiven Trauer, die von den vergangenen Zeiten nur das Gute zurückbehält, das Häßliche verklärt, das Solide bewahrt, erbauliche Erinnerungen blankpoliert, die eine lächelnde Zukunft verheißen.

Eine solche Art des Umgangs mit dem Vorher und Nachher ist das geistige Gegenstück zu der unablässigen Abfolge von Trümmerbeseitigung, Wiederverwertung, Wiederaufbau, die den abendländischen Städten ihr Gesicht gegeben hat und es beständig verändert. Freilich ist es schwieriger, ein Gewissen zu bilden, als eine Siedlung neu anzulegen. Es genügt nicht, die alten Bezirke im Gedächtnis aufzulösen, friedvolle und mit Hoffnung erfüllte Wege zu bahnen und ebensowenig, einer Kultur unter der Plastikplane Triumphbögen zu errichten, um inneres Leben in eine leuchtende Stadt zu verwandeln. Den üblichen Verfahrensweisen der Baulöwen, den Entwürfen der Städteplaner fügt der Trost die geistige Fermate hinzu: Das Opfer muß gefordert, angenommen und gewollt sein.

Ein Wolkenkratzer stürzt nicht von selbst zusammen, um einem besser ersonnenen Gebäude Platz zu machen. Wohl aber das Gewissen. Im Vorzimmer des Todes, zwischen zwei Folterungen, dichtete Anicius Manlius Severinus Boethius, ein edler Römer, seine »Tröstung der Philosophie«, die seit Theoderichs 5. Jahrhundert bis heute den Ton der seelischen Erhebung vorgibt.

Boethius starb als christlicher Märtyrer, aber seine Seelenstärke schöpfte er aus dem Stoizismus und dem Neuplatonismus, nicht aus den Evangelien, und darum wurde er kein christlicher Heiliger. *Philosophiae consolationis:* Der Genitiv, der die Verschränkung von Trost und Philosophie bezeichnet, ist ein *genitivus subjectivus* und *objectivus* zugleich. Die Aufgabe des Tröstens fällt einer Philosophie zu, die Glück wie Schmerz von der irdischen Welt loslöst, »Eins steht ewig fest als ein uns Gesetztes: / Nichts was irdisch erzeugt, beharrt.«. Umgekehrt ist die Philosophie die Dienerin der kosmischen Tröstungen. Sie macht der unsicheren Suche der Seele ein Ende, indem sie sie zu einer Ordnung hinführt, von der sie kündet und für die sie Zeugnis ablegt. »O glückseliges Menschengeschlecht, / wenn die Liebe auch euren Geist / Lenkt, so wie sie den Himmel lenkt.«

Sich trösten ist gleichbedeutend damit, sein Herz zu verändern, indem man von unten nach oben steigt gemäß einer Methode, als deren Verwalterin sich die Philosophie versteht. Wer sie nicht kennt, verirrt sich wie der Betrunkene, der vergebens den Weg zu seinem Haus sucht. Wer sie findet, wird seiner eigenen Verlassenheit gewahr: »Doch werde ich zuvor versuchen«, spricht die philosophische Muse, »den Fall, der dir bekannter ist, mit Worten zu bezeichnen und zu beschreiben, damit du erst ihn durchschauest und dann, wenn du dein Auge nach der entgegengesetzten Seite wendest, die Gestalt der wahren Glückseligkeit zu erkennen vermögest.« Die tröstende Philosophie tritt wie jede andere Desillusionierung als radikale, revolutionäre Kritik auf.

Auf diesem negativen Weg steigt die Philosophie bis zu Gott empor. Dem Augenblick entgleitend, der unaufhörlich entgleitet, gelangt sie zum höchsten Punkt der ewigen Gegenwart, die sich denkt und sich entspricht. Das ist »der unergründliche Abgrund der Göttlichkeit«. Wohlgemerkt: ein Abgrund des Glücks, wo das *nunc stans* der absoluten Glückseligkeit gesprochen wird. »Jeder Mensch ist darum Gott.«

Im Jahr 1945, als das Abschlachten und die Besetzung vorüber waren, und 1962, nach Abschluß der kolonialen Abenteuer, hat sich Frankreich rasch erholt. Aber nicht ohne einen Preis dafür zu zahlen. Die Lektion des Unglücks geriet auf der Linken wie auf der Rechten in Vergessenheit, denn das Manöver »Kurs auf die Ruhe« wird zu einem hohen Preis verhandelt. Die Trost-Philosophie eröffnet es ihrem widerstrebenden Schüler schonungslos: »Du hast kein Recht zu beklagen.« Du mußt auf dein *jus querellae* verzichten, auf dein Recht, dich dem Schicksal zu widersetzen. Kein Platz für Ödipus auf Kolonos! Kein Hiob. Du mußt verlernen, das Böse zu sehen.

»Wehe! Dicht an der Grenze der Nacht / Sucht' Eurydiken Orpheus' Blick / Suchte, verlor sie, verging dabei.« Orpheus dreht sich um zur Hölle, die er verläßt, und das himmlische Licht, das ihn leitete, verschwindet. »Wer zur Höhle des Tartarus / Seinen Blick hinunterbeugt, / Was er Köstliches mit sich führt, / schwindet, sieht er die Schattenwelt.« Orpheus' Prüfung ist ein unerbittliches Beispiel. Jede Umkehr beginnt mit einer überstürzten Flucht angesichts eines allgegenwärtigen Schlechten und endet mit der Bestätigung einer makellosen Ordnung: Folglich existiert das Schlechte nicht.

Der Böse, der dieses Nichts will, das Schlechte, will darum nichts. Er vermag nichts, und wie er auch scheinen mag, er existiert nicht. Die tröstende Philosophie zieht den Schluß: Zu glauben, das Schlechte zu sehen heißt nur, schlecht zu sehen.

Seinen Tod gewinnen

Die Philosophie erreicht ihre tröstliche Wirkung durch den strikt parallel dazu erfolgenden Verzicht auf das Recht zum Streit. Solange ich mich widersetze, bin ich untröstlich. Sobald aber Trost mich erfüllt, sind die Auseinandersetzungen vergessen, und ich bin wieder eins mit der Welt. Die Umkehr hängt an jenem dünnen, gespannten Faden, der das eine Stadium mit dem anderen verbindet. Der Streit bleibt notwendig: Ist er nicht der unvermeidliche Ausgangspunkt des beschriebenen »negativen Weges«? Aber der Streit muß beseitigt werden, sonst gibt es keinen Trost. Wo, wann, wie treffen sich die beiden gegensätzlichen Forderungen?

Ist es möglich, Feuer und Wasser zu vereinen, ohne daß das eine verdampft und das andere verlischt? Ja, indem man den radikalen Protest gegen sich selbst wendet. Ja, wenn die Kritik, welche die allgegenwärtige Nichtigkeit bloßstellt bis zu dem Grad, wo sie sie vernichtet, sich wiederum selbst vernichtet durch das Eingeständnis, daß sie ebenso leer ist wie die Leere, die sie anprangert. Der Proletarier hat nichts zu verlieren »als seine Ketten«, verkündet Marx und wiederholt damit, ein Jahrtausend nach Boethius, die unerbittliche Dialektik von Entfremdung und Opfer, des »nichts zu verlieren, alles zu gewinnen«, des Streits und der Umkehr, des heimlichen Kerns der Tröstung durch die Philosophie.

Die Trostmaschinerie funktioniert, selbst wenn sie stillsteht, während die Revolutionen an ihren nicht zu behebenden Funktionsmängeln scheitern. Sie erzeugt eine Verzweiflung, die ebenso beständig und erstickend ist wie der Traum von der Harmonie, der einst Philosophen am Rande des Märtyrertodes heimsuchte. Selbst wenn Gott tot wäre und er keinen Trost geben könnte, würde dieses Ende, so schrecklich es ist, uns trösten, weil wir uns weiterhin gebannt in seinem hermetischen Kreis bewegen, einem Teufelskreis. Wer kommt nach Marx? Was kommt nach Hitler?

Wie sollen wir leben außerhalb der Kirche, ohne Partei und der Nation *über alles* beraubt? Ohne eine Tröstung stehen wir unsererseits still.

Wir haben uns einen philosophischen respektvollen Gehorsam für den vermeintlich berechtigten, obschon enttäuschten Befehl einer höheren Ordnung bewahrt, die größer ist als wir, uns beherrscht und den Grund abgibt, auf dem wir stehen. Modernes Machtstreben, postmoderne Lust an der Zerstörung: Das eine kommt heroisch und faustisch daher, die andere desillusioniert und abgeklärt, aber sie kapitulieren beide. Sie beugen sich dem grenzenlosen Vampirismus eines Trostes, der in dem, was er gibt, ebenso unendlich und unergründlich ist wie in dem, was er nimmt.

Die herrschende Kultur mündet in den sich im Kreis drehenden Wahn einer Kultur des Trostes. Daß Sartre und viele andere, edle Seelen allesamt, angesichts der Millionen Toten des Gulag, nicht aufschrien, hatte seinen guten Grund: Man tut so, als sehe man das Verbrechen nicht, nicht daran zu verzweifeln.

Heideggers Sympathien für das Dritte Reich und seine Treue zur inneren Wahrheit und Größe der nationalsozialistischen Bewegung, die er niemals aufgegeben hat, speisen sich aus derselben Quelle: nicht verzweifeln müssen am deutschen »Geschick« und dem abendländischen Denken (dem seinen). Die gegenwärtige Verwirrung der Professoren im Osten zeigt, daß sie die Krise noch lange nicht bewältigt haben: Marx ist tot, flehen sie, und welchem Heiligen sollen wir unsere Schüler nun weihen? Welche Ideale sollen wir ihnen einflößen?

Solche Klagen finden ein Echo im Westen, wo Gurus, Pädagogen und Esoteriker sich anheischig machen, ein betäubendes Opiat anzubieten, auf das, wie sie glauben, ein Erdenmensch nicht verzichten kann. Während die naiven Geister das Ende der Ideologien feiern, sprudeln die Glaskolben, in denen Trost gebraut wird, in offener Gefechtsordnung und mit voller Leistung.

Die Friedensschlüsse unseres Jahrhunderts waren anmaßend, naiv, überheblich, zynisch, und überdies verkündeten sie ihre eigene Schimäre, daß sie nämlich Frieden für alle Zeiten bedeuteten! Der Trost birgt eine Herausforderung in sich, die er nicht benennt, um sie desto besser herunterspielen zu können. Über Boethius' Bemühen schwebt das große stoische Anliegen, in Würde zu sterben. Ich opfere mein Leben Rom und seinem Kaiser. Im Gegenzug garantieren sie mir, daß ich meinen Todeskampf als freier Mann führen darf, daß mein Name unbefleckt bleibt, meine Vergangenheit makellos, und daß ich Erben habe.

Auf dem Schlachtfeld wie im Bad, wo der befohlene Selbstmord vollzogen wird, verzichte ich auf mein Recht auf Leben und erhalte dafür das Recht auf einen angemessenen Tod.

Wer Seneca gelesen hat, weiß, daß ein solcher Handel, der in Rom die Freiheit ausmachte, nichts anderes war als eine fromme Illusion, stets den Launen der Mächtigen unterworfen. Seneca, treuer Gefolgsmann von Agrippina, Erzieher Neros, wurde zum Komplizen beim Mord an ersterer, verurteilt von letzterem. In seinen Tragödien berichtet er, wie die Macht, wenn sie zu einer verrückten Maschinerie geworden ist, unterschiedslos Freund und Feind zermalmt. Mit der Folter, dem erpreßten Geständnis, Druck auf nahestehende Menschen, systematischer Diffamierung fügt der Herr dem Verurteilten einen zweiten Tod zu, der ihn zum Sklaven herabwürdigt . . .

Mit den totalen oder totalitären Kriegen unserer Tage ändert sich der Maßstab, aber nicht das grundsätzliche Verfahren. Die Zivilbevölkerung leidet, Städte werden verwüstet: um ein Exempel zu statuieren ist ein ganzes Volk dem Tod geweiht. Die neuen Kriege brechen Rekorde in Menge, Schnelligkeit und Aggressivität, aber die Qualität der Tyrannei bleibt die gleiche. Die Tröstungen stellen uns ruhig, indem sie den schmutzigen Krieg für abgeschlossen erklären; es wird nicht wahrgenommen, daß wir es mit einer Heimsuchung zu tun haben. Boethius schönt das Unglück, indem er es in eine kosmische Ordnung einfügt; Hegel hebt die Verzweiflung in der Geschichte auf, die ihr Sinn verleiht; die Harmonie gewinnt die Oberhand über die Mißklänge; die Trauerarbeit ist erledigt; in neuer Ausgeglichenheit wendet sich Europa den Pantoffeln zu.

Die Eliten glauben, sie könnten das Jahrhundert genauso arglos und selbstgewiß beenden, wie sie es begonnen haben. Sie meinen, sie müßten die Menschen für klare, unbestreitbare höchste Werte mobilisieren. Doch kaum versucht jemand, diese angeblichen gemeinsamen Bezugspunkte genauer zu benennen, da fällt er auf die Nase! Schon geht der Streit wieder los: Wird das künftige Europa gläubig oder atheistisch sein? Katholisch? Orthodox oder reformiert? Liberal, libertär, sozial, föderal oder individualistisch? Ganz offensichtlich löst sich die europäische

Einheit unversehens in Rauch und Asche auf, sobald Antworten auf die letzten Fragen gesucht werden.

Und so verschafft sich halblaut ein zweiter Text mit dem Gegenteil des offiziellen Moralismus Gehör. Die politischen Würdenträger geben es nicht zu, aber die meisten handeln danach, Schriftsteller und Essayisten sprechen die Schlußfolgerung laut und deutlich aus: Alles ist erlaubt. Wenn die naive Humanitätsduselei, Stil 1900, aus der Mode gekommen scheint, wenn die großen Morde des Jahrhunderts immer unter dem Deckmantel erbaulicher Floskeln begangen wurden – zur Rettung von Volk, Rasse, Klasse, Nation, Gott –, könnte die nihilistische Konsequenz sich aufdrängen. Da es kein dem Zweifel enthobenes gemeinsames Gutes mehr gibt, soll es auch kein Übel geben. Mag also jeder nach seiner Fasson glücklich werden.

Der Intellektuelle, verstimmt, weil er nicht länger die Schlüssel zum sozialen oder moralischen Paradies in der Hand hält, räumt zusammen mit seinem leeren Himmel unsere überfüllten Höllen. Er tritt als Desillusionierungskünstler an, will nur eines – daß man nichts mehr von ihm will – und hat so auf einmal eine Antwort auf alles. Eine scheinbare Bescheidenheit angesichts der »Schwachheit« und »Ohnmacht« des Denkers läßt die Auflösung aller Dinge zur höchsten Offenbarung werden. Was bleibt, wenn alle Ideale jenseits von Gut und Böse einstürzen? Ich, antwortet er, ich, und das ist genug.

Der Europäer besitzt damit ein doppelbödiges Denken. Die Naivität des Fernsehzuschauers wird mit Werten bedacht, um den Wähler nicht zu enttäuschen. Hinter den Kulissen ein Augenzwinkern, in aller Öffentlichkeit räumt man mit den Vorurteilen auf, kultiviert man einen Zynismus, der ankommt: Nachdem Europa an nichts glaubt, kann es so tun, als glaube es an irgend etwas, oder sogar, als glaube es zu glauben. Man plant in Maastricht die innigste Einigkeit, und sechs Monate später zerfleischt man sich gegenseitig mit gesundem Appetit. Ein Stimmungsumschwung, wie er aufschlußreicher nicht sein kann.

Der herzerwärmende Optimismus der Wahlsonntage und der alles kritisierende Pessimismus der Tage der Depression entstammen ein und derselben Kultur des Trostes. Zentrale These:

Eine einzige Sonne muß in allen Herzen scheinen und die guten Absichten der Menschen zur Blüte bringen, sonst schwindet alles dahin, wenn jeder sich in seinem anarchischen, krampfhaften Egoismus verschanzt. Entweder Konsens und Einigkeit, und sei es unter Zwang, oder Kampf aller gegen alle. Die Siegespalme dem, der am meisten verschlingt und am besten lügt. Entweder Einheitsideologie oder Barbarei, *tertium non datur*, etwas Drittes ist ausgeschlossen, schwören die Professoren für Moral, bestärkt von den Professoren für Unmoral, die das Ultimatum des Minisakrilegs wählen: Wenn die Sonne untergeht, ist alles erlaubt.

Die doppelbödige Rede hält die Hoffnung der Hoffnungslosen aufrecht und die zynische Hoffnungslosigkeit der berufsmäßig Hoffnungsvollen. Aber vor allem lenkt sie die Politik in ihrer Doppelzüngigkeit. Drei Jahre Krieg in Europa enthüllen, wie gut sich diplomatischer Optimismus mit einer Kaskade von Kapitulationen verträgt. Auf der Seite der Ideale und der Paläste baut man auf Beschwichtigung; auf einer Konferenz nach der anderen schließt man einen Waffenstillstand nach dem anderen, garantiert man Frieden ab der nächsten Minute und endgültige Versöhnung ab morgen, beglaubigt von Owen und Vance. Auf der Seite der Realität und der zerstörten Städte werden die Beschwichtigungen demontiert, billigt man ethnische Säuberungen, verbucht man Massaker an der Zivilbevölkerung auf dem Gewinn- und Verlustkonto, sieht man ohne ein Wimpernzukken zu, wie im belagerten Sarajevo dreihunderttausend Menschen psychisch und physisch stranguliert werden.

Und so können wir uns beglückwünschen – hören wir Mitterrand und Major –, daß wir die Wiederholung des Ersten Weltkriegs verhindert haben. Daß sich die Epidemie ausbreitet, daß Grosny in einem Feuerkrater versinkt – was kümmert uns das! In unseren Staatskanzleien herrschen Ruhe und Ordnung. Die Elite betrachtet das vollbrachte Werk, nimmt die Eroberungen zur Kenntnis, segnet den großserbischen Sieg und das Massaker an den Tschetschenen ab, ohne sich Böses dabei zu denken. Weit in der Ferne donnert das Unwetter gegen ihre Tür, und drinnen feiert sie ihren Frieden: den Frieden ihres Gewissens und die Friedhofsruhe in Bosnien.

Der Widerspruchsgeist

Um diesen verhängnisvollen Niedergang aufzuhalten, muß das »Recht zum Streit« fortbestehen. André Malraux, die Manen seines Freundes de Gaulle grüßend, erinnert daran, wie das republikanische Paris sich um den Sarg von Hugo versammelte und die Menge in Theben um das Grab von Antigone, »weiter draußen in der Nacht gibt es augenscheinlich das NEIN, das kein Alter kennt«. Und da gibt es den Ausbruch von Picasso angesichts von Guernica und den Appell des anonymen Malers von Combe d'Arc, der mit den Abdrücken seiner Hände die ersten Abbilder einer Tierwelt schafft, die er beschwört, indem er sie in den Fels ritzt. Und den kategorischen Imperativ von Andromache: »Nein, ich werde nicht Verbündete deiner Verbrechen sein.«

Eine bestimmte Art von Kunst ist wie die Politik in der Nachfolge von de Gaulle wahrhaftig, indem sie die Gegenposition bezieht, und schöpft ihre Wahrheit aus der Konfrontation, »nicht aus dem Sieg«.

In der großen Kontroverse steht nicht der Mensch anderen Menschen gegenüber, sondern die Menschheit der Geißel, welche sie heimsucht, sie umgibt, ihr ihre Menschlichkeit raubt. Wie auch immer Hegel oder Carl Schmitt darüber gedacht haben, die Freund-Feind-Beziehung, ganz und gar nicht die erste und entscheidende, dringt an die Oberfläche der Dinge und Ereignisse. So gilt der Deutsche längst nicht mehr als der Inbegriff des Feindes, auch nicht als Erbfeind. »Das Recht Deutschlands auf Einheit steht genausowenig zur Disposition wie die Existenzberechtigung Polens«, betont der erste Präsident der V. Republik im Jahr 1959. Die große Konfrontation findet nicht mit einem Gegner statt, sondern mit einem Unglück, angesichts dessen sich jeder Trost verbietet.

Der Alte Kontinent ist übersät mit Stätten, die abschreckende Beispiele sein sollten. Einige Namen, einige Daten erinnern daran, wie sehr die Völker in ihrem Innersten erschüttert wurden, so daß sie ihrem Glauben abschworen, ihre Traditionen aufgaben und eine lange Entwicklung abbrachen. Verdun, tausendfaches Massengrab, Auschwitz, grauenvolle Spitze des Rassismus, Kolyma, Schrecken des Denkens, das nur eine Wahrheit kennt . . . Tschernobyl, das dem einfachen Europäer vor Augen führt, wie verheerend sich die Gefahren der modernen Technik auswirken können, wenn sie durch die unverbesserliche Unfähigkeit totalitärer Machthaber, die sich über jegliche Kritik erhaben dünken, potenziert werden. Teuer bezahlt, unter Schmerzen erworben, verschließt die Erfahrung, daß es bisweilen keinen Trost geben kann, allenfalls den Weg zum Schlimmsten, anstatt den Weg zum Besten zu suchen, indem sie die blaue Blume der Unschuld hegt.

Wer sich nicht trösten läßt, gelangt über das Falsche zum Wahren, zieht den Schleier vor dem Schönen und vor dem Häßlichen weg und ergreift das Gute, weil es nicht übel ist. Die Untröstlichkeit beherrscht hier und dort die Ästhetik unserer Epoche, verstanden als Konfrontation mit dem Formlosen und Unhörbaren. Rilke schreibt in seiner ersten *Duineser Elegie:* »Denn das Schöne ist nichts als des Schrecklichen Anfang.«

Die Untröstlichkeit erträgt die denkwürdige Krise der Grundlagen, welche die Theorie der Einheiten hervorbringt und die mathematische Erfassung der Welt neu ausrichtet. Man findet sie in der Popperschen Vorahnung einer Wissenschaft, die auf »Falsifikation« hinarbeitet und weniger auf Verifikation (die üblicherweise als eine immer vollkommenere Annäherung an eine vollkommene Wahrheit verstanden wird). Im Licht der »Großen Depression« hat auch die Volkswirtschaftslehre keinen Trost mehr parat, hat die illusorische Allmachtsphantasie einer zentralistischen Planung aufgegeben und garantiert auch nicht länger das Wirken einer unsichtbaren Hand der Vorsehung. Ihr Selbstverständnis ist es künftig, Katastrophen zu verhindern, nachdem auf alarmierende Weise deutlich geworden ist, daß sie möglich sind. »Auf lange Sicht sind wir alle tot«: Keynes' Axiom gilt für alle konkurrierenden Partner.

Die Bruderschaft der dem Trost Entsagenden setzt den anmaßenden Lösungen das Wissen ihres Nicht-Wissens entgegen.

Sie erkennt ihre Stärke in der offenkundigen Bescheidenheit der Vernunft. Sie knüpft bei den griechischen Anfängen einer

Kultur an, die zum Ausgangspunkt ihrer Bestimmung des Menschen die unentrinnbare Tatsache seiner Sterblichkeit nahm, der individuellen und kollektiven, materiellen und geistigen. Sie verortet die Existenz in der Auseinandersetzung mit dem Flüchtigen und Unbeständigen, und die Weigerung von Anfang an, das Leben auf jenseitige Gewißheiten zu gründen, verblüffte die Dogmatiker, die Demagogen und die Wunderheiler. »Was mich betrifft, so weiß ich nicht nur nicht, ich glaube auch nicht zu wissen.« Die sokratische Unwissenheit verkauft sich in der Politik schlecht. Der Europäer muß sie jedoch wiederbeleben, wenn er alle Mittel zusammenfügen will, die geeignet sind, dem allenthalben regierenden Chaos zu widerstehen.

Solschenizyn gab, nachdem der KGB ihn festgenommen hatte und er im Ungewissen war über sein weiteres Schicksal, seinen Landsleuten einen Rat, einen einzigen, ausgedrückt als ein letzter Wille: Klatscht nicht mehr Beifall! Damit beginnt der Abfall: Mit der Weigerung, in die Hände zu klatschen oder die Hacken zusammenzuschlagen, eröffnet er den Weg zum Nein. »Eine Gewaltsamkeit gegen sich selbst durchdringt und trägt durchgehend den Bericht«, schreibt J. Lacouture über de Gaulles Memoiren. Und er fährt fort: »Der Schriftsteller de Gaulle ist wie der Staatschef de Gaulle ein reines Produkt des Widerspruchsprinzips. Sich aufrichten, sich strecken, sich dagegen wenden, das ist immer das Ziel. Eine klassische Haltung, insofern Klassik Mäßigung bedeutet, Selbstbeherrschung, Disziplin.« Die klassische Haltung kulminiert in einer ungewöhnlichen Anstrengung, im Dunkeln zu sehen, mehr noch, das Dunkel zu sehen.

> Gedenke, gedenke der Nacht, deren Morden
> Zur ewigen Nacht einem Volke geworden.
> (Racine, Andromache)

Sartre weigerte sich zu Recht, zwischen dem Schriftsteller, der enthüllt, und dem Mann, der sich engagiert, zu unterscheiden. Aber er hat den wesentlichen Punkt nicht erfaßt: Beide haben uns nur deshalb etwas zu sagen, weil sie das zunächst verweigerten. De Gaulle verwandelt den kalten Blick der klassischen Autoren in politische Strategie; er bemißt die Größe der Tat nach der Größe der Gefahr, die sie bannt. Nur die Not befiehlt und ruft zusammen. Nach dem »Großreinemachen«, das die Zukunft seiner Partei (des Rassemblement du Peuple Français, RPF) klärte, als der General sich wieder in seine Einsamkeit zurückgezogen hatte, blickte er verwundert zurück auf das Abenteuer eines ehemaligen Widerstandskämpfers, der eine unerwartete Welle der Solidarität mit den Obdachlosen und den Benachteiligten seines Landes ausgelöst hatte. Wir schreiben das Jahr 1953. Es sind nicht viele Lebende, denen er die Würde eines Vergleichs angedeihen läßt: »Es hat genügt, daß ein Mann außerhalb der offiziellen Pfade handelt, damit die Franzosen sich bewegen, aber es bedurfte auch der Kälte. Ohne die Kälte kein Abbé Pierre! . . . Wenn Frankreich friert, werde auch ich handeln können.«

Vom Brand Trojas bis zum Rauhreif, der Paris weiß färbt, über – in unserer Zeit – die Massaker von Algier, den Völkermord in Afrika, die ethnischen Säuberungen in Bosnien und das Martyrium von Grosny: Bedrohungen und Kälte sprengen die Fernsehschirme und alle beruhigenden Grenzen. Ihr, die ihr nach der höchsten Verantwortung strebt, hebt eure Augen zu »denen, die nein rufen und sich über die nächtliche Flut der Lebenden emporheben«. (Malraux)

Die noch nicht lange zurückliegende Erfahrung mit Faschismus und Kommunismus hat bewirkt, daß Spanier, Deutsche und Russen (siebzig Prozent der Russen lehnten bei einer Befragung 1995 die blutige Intervention in Tschetschenien ab) Pluralismus, Toleranz und Freiheit höher schätzen als in früheren Zeiten. Die Einigkeit darüber, was es zu verhindern gilt – indem man sich wechselseitig davon abschreckt –, erweist sich als tragfähiger als der Konsens darüber, was angestrebt werden soll – indem man sich gegenseitig davon überzeugt. Unseren Zeitgenossen bleibt nur der Ausweg, sich *a minima* angesichts eines Unglücks *gegen* Bedrohungen zu verständigen, anstatt *für* ein letztes Ziel, das, wie sie vermuten, unklar sein wird, strittig und wahrscheinlich unerreichbar. Europa und Frankreich in Europa werden durch Abschreckung sein, oder sie werden nicht sein.

Das Gute ist relativ und nicht leicht erkennbar, doch die Übel sind zahlreich und augenfällig. Die Erwägung des Schlimmsten bestimmt die Rangordnung der Dringlichkeiten. Wenn es etwas gibt, wofür es keinen Trost gibt, dann ist nicht alles gleich.

Das 20. Jahrhundert hat gezeigt und bewiesen, durch das Absurde und durch Blutbäder, wie sehr das leidenschaftliche Bestreben zu trösten und der dringliche Wunsch, getröstet zu werden, blind machen können. Herausragende Beispiele der Verweigerung rehabilitieren allein die Macht des Neins, die unersetzliche Triebkraft aller Strategien von Widerstand und Abschreckung. Der Witwer, der Rätselhafte, »der Fürst von Aquitanien mit dem zerstörten Turm«, der einen Augenblick lang das ins Auge faßt, wofür es keinen Trost gibt, und das Recht zum Streit bewahrt, er stößt die Tür zum Überleben einen Spalt auf.

XI. Nachwort

»De Gaulle, wo bist du?« – Eine Frage eröffnet Glucksmanns Reflexion – gut zehn Jahre nach der »Philosophie der Abschrekkung«, erschienen im Kontext der Nachrüstungsdebatte, im Vorfeld der Beendigung des Kalten Krieges. Eine Frage nach der Ära Mitterrand, nach der Maastricht-Euphorie – mitten im Aufbrechen neuer Konflikte. Glucksmann ist einer der wenigen, die immer wußten, daß das Thema »Krieg« aktuell ist. Eines seiner ersten Bücher *(Le Discours de la Guerre*, Grasset 1967, 1979) stellt im Horizont von Kuba, von Vietnam, das strategische dem ideologischen Denken gegenüber. Glucksmann ist dieser Gegenüberstellung in seinem Œuvre treu geblieben. Im neuen Buch stellt er seinen Ansatz auf die Probe der gegenwärtigen Lage. Nicht von ideologischem Wunschdenken geht er aus, sondern von der nüchternen Bilanz der Realität. Daß dieser Ansatz nicht nur Zustimmung auslöst, wen wundert's – angesichts der von den Massenmedien geförderten Realitätsverweigerung großen Stils.

Jede Zeit hat ihre Art der Kriegführung. Kaum war am Horizont der Lichtstreif ewigen Friedens, den Fukuyama zu einer Geschichtsvision vom »letzten Menschen« aufgreifen wollte, verblaßt, stellte sich nach dem ideologischen Krieg (weltweit, total, moralisch begründet) ein neues Spektrum ein. In Bosnien erlebten wir es aus der Fernsicht: Der neue Krieg kennt kein Zentrum der Politik, läßt regionale Konfliktzonen entstehen und re-flektiert eine innere Krise von Religionen und Zivilisationen (die im »Fundamentalismus« zum Ausdruck kommt). Dieser Krieg wird totalitär geführt – nicht en passant trifft er die Zivilbevölkerung, sondern systematisch in der »ethnischen Säuberung«. Er nimmt – auf regionaler Ebene – apokalyptische Ausmaße an. Niemand erschrickt. In der offiziellen Politik: *busi-*

ness as usual. Glucksmann nimmt als Beispiel die 1995 zu Ende gegangene Präsidentschaft Mitterrands, dessen letzte Regierungsjahre im Schatten der großen Verdrängung seiner persönlichen und politischen Vergangenheit standen. Was vorherrscht: der Wille zur Beruhigung um jeden Preis.

Da man die Arbeiter in Paris nicht desillusionieren wollte, hat man früher über die sowjetischen Lager und Prozesse geschwiegen. Heute spielen die Intellektuellen die Schwachen (pensiero debole), berufen sich aufs Recht der Biographie, sind stolz auf die Irrtumsfähigkeit des Menschen. Und stürzen sich wie Besessene von einem Gedenken an vergangenes Grauen ins nächste: Nur ja nicht die gegenwärtigen Konfliktzonen zur Kenntnis nehmen. Angesichts der Neigung, die erschreckende totalitäre Vergangenheit dieses Jahrhunderts ästhetisch zu bewältigen (dies ist die heute herrschende Schwundstufe der Ideologie von gestern), fordert Glucksmann dazu auf, sich der neuen Situation zu stellen. Angesichts des Schlimmsten den klaren Kopf behalten.

Und da fällt ihm de Gaulle ein, dieser Intellektuelle und General, der in unzeitgemäßer Weise den totalitären Neigungen des Jahrhunderts widerstand, weil er um die Realität des Krieges wußte. Ausgerechnet de Gaulle, gegen den Glucksmann als geradezu professioneller Achtundsechziger das »Zehn Jahre ist genug!« schleuderte. Glucksmann schreibt nicht »über« de Gaulle – de Gaulle ist als mahnendes Gewissen des im Krieg, in der Stunde der Erniedrigung, neu erstandenen Frankreichs, Souffleur der Stichworte für das gegenwärtige Zeitalter. Stichworte gegen die Schönredner aller Zeiten – Glucksmann bezieht sich zuvorderst auf die geradezu berufsmäßige Gegenwartsblindheit von Historikern, im besonderen Fall die der Schule der Annales – erst seit den letzten Jahren ist die Ecole in Deutschland in breiterem Umfang rezipiert. Der deutsche Leser bekommt eine Einführung in diese Autoren, nebenbei und unprätentiös.

Für die Arglosigkeit der meisten öffentlichen Diskussionen wird teuer bezahlt. Mitten im »kollektiven Freizeitpark« Deutschland scheint es auch nach Auschwitz und Hiroshima unmöglich, aus dem Schatten Hegels herauszutreten. (Die neueste Version des kollektiven Unbewußten hat M. Winter in der *Süddeutschen Zeitung* vom 6. 7. 1995 in einer satirischen Glosse zum verordneten Credo »Spaß muß sein« in der Frage zusammengefaßt: Kann von einem Volk des ewigen Narrentreibens Böses ausgehen?) Die wenigen Stimmen, die den Mittelmäßigkeiten des Daherredens widerstehen und an die man sich später doch erinnert, müssen angesichts der Lage gestärkt werden. Glucksmann gehört zu ihnen – nicht nur in Frankreich, auch in Deutschland, dessen »Meisterdenker« er nicht ohne Grund im Zusammenhang mit den schwerwiegenden Destruktionen dieses Jahrhunderts sah. Das Risiko aufzeigen heißt nicht Schwarzmalerei. Es ist heilsam, aus dem Fernsehschlaf aufgerüttelt zu werden, ehe es zu spät ist. Was das Medienzeitalter raubt – das Denken in Zusammenhängen –, das kann in der Lektüre von Glucksmanns Buch neu eingeübt werden. Nicht um Welterlösung geht es, sondern um das Erschrecken angesichts des möglichen und wirklichen Grauens.

Glucksmanns Buch – eines seiner lesbarsten – kommt gerade recht in einer Situation, in der Deutschland und Frankreich – in Europa – ein neues Verhältnis zueinander finden müssen. Noch immer kennen wir uns nicht gut genug. Nicht kompromittierte Stimmen muß man pflegen. Es gibt Vermittler, die nichts zu verbergen haben.

Im Januar 1996   Helmut Kohlenberger

Bibliographische Nachweise

Kapitel I

Seite 16: ». . . zwanzig Jahrhunderte . . .«, Ch. de Gaulle, *Discours et Messages*, Paris 1970, Bd. I.

Seite 17: »Die Tiere fanden . . .«, J. de la Fontaine, *Die Fabeln*, Gesamtausgabe in deutscher und französischer Sprache, Wiesbaden, o. D., S. 156.

Seite 20: »Man wird . . .«, A. Malraux, *Le Miroir aux Limbes, II, La Corde et les Souris*, Paris 1976, S. 261.

Seite 20: »Der Krieg . . .«, Ch. de Gaulle, *Le Fil de l'Epée et Autres Ecrits*, Paris 1990.

Seite 21: ». . . Das Schwert ist die Achse der Welt«, in: Ch. de Gaulle, *Vers l'Armée de Métier*, Paris 1971, S. 326.

Seite 21: »Die Siegesgöttin . . .«, A. Malraux, *Les Noyers de l'Altenburg*, Paris, S. 1067.

Seite 22: »Ich erhebe . . .«, J. Mossuz-Lavau, *André Malraux et le Gaullisme*, Paris 1970, S. 213. (Malraux in New York am 15.5.1962)

Seite 24: »Vielleicht denken Sie . . .«, Ch. de Gaulle, *Discours et Messages*, op. cit., S. 108 und 41.

Kapitel II

Seite 29: »Frankreich liebt . . .«, H. de Balzac, *Etudes sur Monsieur Beyle*, Paris 1943, S. 16.

Seite 30: »Frankreich ist . . .«, Ch. de Gaulle, *La France et son Armée*, in: *Vers l'Armée de Métier*, op. cit., S. 331.

Seite 30: »Wegen seiner . . .«, Ebenda, S. 245.

Seite 31/32: »Wir haben . . .«, Saint-Just, *Rapport sur la Police Générale . . .*, 15. April 1794.

Seite 34: »Das ist doch . . .«, Stendhal, *Die Kartause von Parma*, Frankfurt a. Main 1989, S. 61.

Seite 35: »Der Frontkämpfer . . .«, J. N. Cru, *Wo ist die Wahrheit über den Krieg?* Potsdam 1933.

Seite 36: »Es gibt Leute . . .«, La Rochefoucauld, *Maximen und Reflexionen, Französisch und Deutsch*, 1. Aufl. München 1987.

Seite 37: »Induktion« siehe Aristoteles, *Lehre vom Schluß oder Erste Analytik (Organon III)*, 67a, Hamburg, Nachdr. 1975, S. 135–137;

Seite 38: »ähnlich wie wenn . . .«, Aristoteles, *Lehre vom Beweis oder Zweite Analytik (Organon IV)*, Hamburg, Nachdr. 1976, S. 106.

Seite 38: »als sich das Heer . . .«, Platon, *Das Gastmahl*, Werke, III, Darmstadt 1974, S. 383.

Seite 38: ». . . und dann schien er . . .«, Ebenda, S. 383, 385.

Kapitel III

Seite 45/46: C. von Clausewitz, *Schriften – Aufsätze – Studien – Briefe. Dokumente aus dem Clausewitz-Scharnhorst- u. Gneisenau-Nachlaß*, hrsg. v. W. Hahlweg, Göttingen 1966, Bd. 1,5.

Seite 46/47: Ch. de Gaulle, *La Discorde chez l'Ennemi* (1924), in: *Le Fil de l'Epée*, op. cit.

Seite 47: »Ich mußte . . .«, »F. Braudel en Captivité«, Diskussion in: G. Himmelfarb, *Commentaire*, Herbst 1994, Nr. 67.

Seite 48: ». . . denn solange . . .«, R. M. Rilke, *Briefe zur Politik*, Frankfurt a. M./Leipzig 1992, S. 122.

Seite 48: ». . . die Namen Krieg . . .«, R. M. Rilke, *Briefe*, Frankfurt a. M., 1. Aufl. 1950, S. 565.

Seite 48/49: »Es will uns scheinen . . .«, S. Freud, »Zeitgemäßes über Krieg und Tod«, *Gesammelte Werke*, Bd. X, London, 4. Aufl. 1967, S. 324.

Seite 48/49: ». . . in dieser Nacht . . .«, P. Teilhard de Chardin, *Ecrits du Temps de la Guerre*, Paris 1965, S. 240.

Seite 49: »Wir sind . . .«, J. M. Keynes, *Die wirtschaftlichen Folgen des Friedensvertrages*, München/Leipzig 1920.

Seite 49: »Die Summe . . .«, Ch. de Gaulle, *Vers l'Armée de Métier*, 1934, 1990, S. 272.

Seite 50: »Überall ist jetzt . . .«, Ch. de Gaulle, *Le Fil de l'Epée*, op. cit.

Seite 50/51: Die Zitate von Marc Bloch siehe: M. Bloch, *Mélanges Historiques*, Bd. 1, *Réflexions d'un Historien sur les Fausses Nouvelles de la Guerre*, 1921, hrsg. v. E.H.E.S.S., Paris 1983, S. 45 u. 51.

Seite 51/52: Die Zitate von Lucien Febvre siehe: L. Febvre, *Combat pour l'Histoire*, Paris 1992, S. 437, (geschr.1945), S. 36, (Manifest von 1946).

Seite 52: »Kein Jahrhundert . . .«, Ch. de Gaulle, *Philosophie du Recrutement*, 1929, in: *Le Fil* . . ., Paris 1992, S. 649.

Seite 52/53: Braudel-Zitate in: F. Braudel, *La Méditerranée*, Livre de Poche, Bd. III, S.417–420; vgl. J. Rancière, *Les Noms de l'Histoire*, Paris 1992, S. 28–29.

Seite 53: Zu Sartre siehe: J. P. Sartre, *L'Etre et le Néant*, (1943), Hg. Tel, Paris 1943., S. 691.

Seite 53: »Eine gewisse Illusion . . .«, Ch. de Gaulle, *Le Fil de l'Epée*, op. cit., S. 190.

Seite 54: »Ich frage mich . . .«, Ch. de Gaulle, *Vers l'Armée de Metier*, op. cit., S. 310.

Seite 54: Mauriac-Zitate siehe: C. Mauriac, *Un Autre de Gaulle*, Paris 1970, S. 312.

Seite 54:»vor dem menschlichen . . .«, Ch. de Gaulle, *La Discorde* . . ., in: *Le Fil de l'Epée*, op. cit., S. 12.

Kapitel IV

Seite 61/62: F. Mitterrand-Zitate, siehe P. Péan, *Une Jeunesse Française*, Paris 1994; vgl. A. Schwartzbrod, *Le Président qui n'aimait pas la Guerre*, Paris 1995.

Seite 62/63: Marc Bloch-Zitate, siehe: M. Bloch, *L'Etrange Défaite*, geschrieben 1940, veröffentlicht 1946, S. 188f.

Seite 63/64: Zitate von Merleau-Ponty siehe M. Merleau-Ponty, *Les Temps Modernes*, Nr. 1 (1945), wiederabgedruckt in *Sens et Non-Sens*, Paris 1966, S. 245f.

Seite 65: »Bei diesen Ereignissen . . .« G. Himmelfarb, *Commentaire*, op. cit., S. 145.

Seite 67: Hegel-Zitate siehe G. W. F. Hegel, *Grundlinien der Philosophie des Rechts*, Gesammelte Werke in 20 Bänden, hrsg. von Eva Moldenhauer und Karl M. Michel, Bd. 7, 2. Aufl. Frankfurt/M. 1989, S. 494.

Seite 68: »Jede Epoche . . .«, F.Braudel, *La Méditerranée*, op. cit.,Bd. II, S. 649.

Seite 69: »Der Klassenkampf . . .«, F. Braudel, *Civilisation Matérielle, Economie et Capitalisme*, Paris 1979, Bd. III, S. 43.

Seite 69: ». . . wird der Krieg . . .«, Ebenda, S. 49.

Seite 69: »Wenn der Islam . . .«, Braudel, *Civilisation Matérielle* . . ., op. cit.,Bd. II, S. 459.

Seite 70/71: »Weder Spanien . . .«, Voltaire, *Essai sur les Mœurs*, Bd. I, Paris 1963, S. 388.

Seite 72: ». . . daß die Menschen . . .«, Ebenda, S. 756.

Seite 73: »Die Handwerker . . .«, »Wenn wir . . .«, »Kein großes . . .«, Ebenda, Bd. II, S. 756, 978.

Seite 75: »Ob Paris . . .«, Ch. de Gaulle, *Vers l'Armée de Métier*, op. cit., S. 236.

Seite 76: »Ganz offensichtlich . . .«, H. Arendt, *The Cold War And the West*, Partisan Review 29/1, New York 1962, S. 11.

Seite 77:» »Einmal mehr . . .«, A. Malraux 1949, zitiert bei J. Mossuz-Lavau, op. cit., S. 123.

Kapitel V

Seite 81: »Ein solcher . . .«, Ch. de Gaulle, *Discours et Messages*, op. cit., S. 45

Seite 81/82: »Ja, dieser ...«, Ebenda S. 121.

Seite 82: »Ein griechischer ...«, Ch. de Gaulle, *Le Fil de l'Epée*, op. cit.

Seite 83: »... er bleibt ...«, Ch. de Gaulle, *La Défaite, Question Morale (1927–1928)*, S. 619.

Seite 83: »Krieg in ...«, C. v. Clausewitz, *Vom Kriege*, 10. Aufl. Berlin, Leipzig 1915, S. 67.

Seite 83: »Wie und warum ...«, Ch. de Gaulle, *Discours et Messages*, op. cit. S. 58.

Seite 84: Die Waffenentscheidung ..., C. v. Clausewitz, *Vom Kriege*, Reclam, Stuttgart 1980, S. 56f.

Seite 84/85: »In dem Maße ...«, Ch. de Gaulle, *Discours et Messages*, op. cit., S. 117.

Seite 85: »Jedesmal ...«, Ch. de Gaulle, *Vers l'Armée de Métier*, op. cit., S. 237.

Seite 85: »Dieser Krieg ...«, Ch. de Gaulle, *Memoiren. Der Ruf* 1940–1942, Frankfurt/Main 1955, S. 76.

Seite 86: »In der Geschichte ...«, Ch. de Gaulle, *Discours et Messages*, op. cit., S. 94.

Seite 86/87: »Bewegung, die ...«, Ch. de Gaulle, *Discours et Messages*, op. cit., S. 95

Seite 87: zu Stefan Zweig siehe *Tagebücher*, Tagebuch im Kriegsjahr 1914 vom Tage der deutschen Kriegserklärung an Rußland, Frankfurt/Main 1984, S. 79–161.

Seite 89: »Strategie ...«, Ch. de Gaulle, *Discours et Messages*, op. cit., S. 144.

Seite 89: »Die Tyrannei ...«, Ch. de Gaulle, Ebenda.

Seite 90: »Das Schießgewehr ...«, G. W. F. Hegel, *System der Sittlichkeit*, hrsg. v. G. Lasson, Philos. Bibliothek 144 a, Meiner, Hamburg 1967, S. 59f.

Seite 90: »Dieser Krieg ...«, G. W. F. Hegel, Ebenda, S. 59.

Seite 90: »Heute werden ...«, »Die wahre Vollkommenheit ...«, J. A. H. Guibert, *Eloge du Roi de Prusse* (Frédéric II).

Seite 91: »Der Tod ...«, G. W. F. Hegel, »Philosophie des Geistes«, in: *Jenaer Systementwürfe III*, hrsg. von Rolf-Peter Horstmann, Hamburg 1976, S. 275.

Seite 91: »Die wahre Vollkommenheit ...«, J. A. H. Guibert, *Eloge ...* op. cit.

Seite 92: »es ist der kälteste ...«, G. W. F. Hegel, *Phänomenologie des Geistes*, op. cit., Bd.3, S.436.

Seite 92: »Als zum ersten Mal ...«, A. Malraux, Le *Miroir des Limbes*, Bd. II, Paris 1976, S. 486.

Seite 92: »Von Krämpfen ...«, Ebenda, S. 547.

Seite 92: »Es folgten ...«, Ebenda.

Seite 93: »KeinTotengesicht ...«, A.Malraux, Le *Miroir des Limbes*, op. cit.

Seite 94: »Sie schlagen . . .«, Khalida Messaoudi in einem Interview in *Egoïste* Nr. 13.

Seite 97: »Dieser alte Soldat . . .«, Ch. de Gaulle, *Discours et Messages,* op. cit., S. 76.

Seite 97: »Im Urteil . . .«, Ch. de Gaulle, *Mémoires de Guerre*, Paris 1989.

Kapitel VI

Seite 101: »In unterschiedlichen . . .«, J. R. Tournoux, *Jamais dit*, Paris 1971, S. 313.

Seite 101: »Das gebannte . . .«, J. Lacouture, *De Gaulle*, Bd. II, S. 398.

Seite 102: »Es ist sehr traurig . . .«, Ch. de Gaulle, *Le Fil . . .*, op. cit., S. 143.

Seite 102: ». . . von dem Land . . .«, Ch. de Gaulle, *Discours et Messages*, op. cit., S. 151.

Seite 102: »Aber man muß sich . . .«, Ch. De Gaulle, Ebenda.

Seite 104: »Ich weiß ebensogut . . .«, Ch. de Gaulle, *Le Fil . . .*, op. cit., S. 197

Seite 105: »Stell Pyrrhos dir . . .«, J. Racine, *Andromache*, III. Akt, 8. Szene.

Seite 105: »Wir werden . . .«, Ch. de Gaulle, 7. April 1954, *Discours et Messages*, op. cit., S. 604.

Seite 106: »Drei solcher . . . «, *Approches de la Philosophie politique du Général de Gaulle*, Paris 1983, S. 268.

Seite 106: »Es ist eine . . .«, Ch. de Gaulle, 17. Juli 1961, *Lettres, Notes et Carnets*, Paris 1982.

Seite 106: »Die Verteidigung . . .«, Ch. de Gaulle, *Documents et Messages*, Bd. IV, S. 73, S. 126f.

Seite 108: »Wir sind . . .«, Ch. de Gaulle, 27. Januar 1968, Centre des Hautes Etudes Militaires.

Seite 109: »Wenn ein Land . . .«, Ch. de Gaulle, *Mémoires de Guerre. Le Salut*, op. cit., S. 823.

Seite 110: »Unsere atomare . . .«, Ebenda, S. 976.

Seite 110: »Die atomare . . .«, Ch. de Gaulle, *Discours et Messages*, 7. April 1954, Bd. 11, S. 604.

Seite 110: »Ich war zwar . . .«, Ch. de Gaulle, *Mémoire de Guerre*, op. cit., S. 823.

Seite 110: »Diese Bombe . . .«, Ch. de Gaulle, Ebenda.

Seite 111: »Ich frage mich . . .«, Ch. de Gaulle, siehe Mauriac, *Un Autre de Gaulle*, Paris 1970, S. 312.

Seite 112: »Alles, worauf . . .«, Ch. de Gaulle, *Discours et Messages*, op cit., S. 604–606.

Kapitel VII

Seite 116: »Wer kann . . .«, R. Aron, *Le Grand Débat,* Paris 1963, S. 175.

Seite 117: »Die Starrheit . . .«, L. Poirier, *La Crise des Fondements,* Paris 1994, S. 25.

Seite 117: »Der Begriff . . .«, Ebenda, S. 11.

Seite 117: ». . . die Dämonen . . .«, Ebenda, S. 16.

Seite 118: ». . . das vorherrschende . . .«, Ebenda, S. 41.

Seite 118: »Heute kann . . .«, Ebenda, S. 121.

Seite 118/119: ›Welche Warte . . .«, Ebenda, S. 172.

Seite 119: » . . . die Identifikation . . .«, L. Poirier, *Les Voix de la Stratégie,* Paris 1985, S. 211.

Seite 119: »Die Bombe . . .«, Ebenda, S. 172.

Seite 121: »Der Krieg . . .«, J. Kant, *Zum ewigen Frieden,* Werke in 12 Bänden, hrsg. von W. Weischedel, Bd. XI, Frankfurt/Main 1964, S. 222.

Seite 123: »Widerstand . . .«, F.Fukuyama, *Das Ende der Geschichte. Wo stehen wir?* München 1992.

Seite 125: J. Derrida, *Spectres de Marx,* Paris 1993, S. 58.

Seite 125: »z. E. Fallen . . .«, J. Kant, *Versuch, den Begriff der negativen Größen in die Weltweisheit einzuführen,* Werke in 12 Bänden, hrsg. von W. Weischedel, Bd. II, Wiesbaden 1960, S. 787.

Seite 125: »Allenthalben . . .«, Ebenda, S. 790.

Seite 127: »Mafia-Organisationen . . .«, A. und H. Toffler, *Überleben im 21. Jahrhundert,* Stuttgart 1994, S. 279.

Seite 128: » . . . den Gegner . . .«,G. Dumézil, *Horace et les Curiaces,*Paris 1942, letztes Kapitel.

Seite 129: »Ursache . . .«, J. Rupnik et al., *Le Déchirement des Nations,* Paris 1995, S. 24.

Seite 131: »Die weltweite . . .«, R. Debray, *Les Empires contre l'Europe,* Paris 1985, S. 25.

Seite 132: Zu Kissinger siehe H. Kissinger, *Die Vernunft der Nationen. Über das Wesen der Außenpolitik,* Berlin 1994.

Seite 134: »Zusammenprall der Kulturen . . .«, S. P. Huntington, »The Clash of Civilizations«, in: *Foreign Affairs* 72 (1993), Nr. 3, S. 22–49.

Seite 135: »Wir haben . . .«, A. Ferguson, *Essai sur l'Histoire de la Société Civile* (1767).

Seite 136: » . . . wieder geschlossen . . .«, J. Baechler, *La Grande Parenthèse* (1914–1991), Paris 1993.

Seite 138: »Thukydides . . .«, L. Strauss, *La Reconnaissance du Rationalisme Politique Classique,* Paris 1989, S. 103.

Seite 138: »Einmal mehr . . .«, Ch. de Gaulle, »Combats du Temps de Paix« (1932), in: *Le Fil . . .,* op. cit., S. 731.

Kapitel VIII

Seite 142: »Der Krieg . . .« J.-P. Sartre, Vorwort zu F. Fanon, *Die Verdammten dieser Erde*, Frankfurt a. M. 1966, S. 19.

Seite 142: »Als Chruschtschow . . .«, Ebenda.

Seite 143: »Wenn seine Wut . . .«, Ebenda.

Seite 144/145: »doch wenn des Lebens . . .«, E. Jünger, *Der Kampf als inneres Erlebnis*, Berlin[8] 1940, S. 6 f.

Seite 145. »Die Legende . . .«, G. Dumézil, *Horace et les Curiaces, op.* cit., S. 29.

Seite 146: »Die Grausamkeit . . .«, R. D. Kaplan, »The Coming Anarchy«, in:*The Atlantic Monthly*, Februar 1994, S. 44–76.

Seite 146: Cargo-Kulte: »Ein Kult, der von zahlreichen Ethnien in Neuguinea (Indonesien) praktiziert wird. Um ›le cargo‹ (den Frachtdampfer, heute auch das Flugzeug, das Waren transportiert), Symbol des europäischen Reichtums, hat sich seit der Ankunft der ersten Schiffe ein Kult entwickelt, der das Christentum als Ritual interpretiert, mit Hilfe dessen sich die Weißen ihren Reichtum sichern.«

Seite 147: »Wir erschlugen . . .«, E. v. Salomon, *Die Geächteten*, Berlin 1930, S. 144f.

Seite 147/148: ». . . ein schlechter . . .«, Aristoteles, *Nikomachische Ethik.* VII. Buch, 7. Kapitel, 1150a.

Seite 148: »Wahrlich . . .«, Homer, *Ilias.* Fünfter Gesang, Vers 890.

Seite 148: »Von Keller . . .«, J. Kessel, *Nuits de Montmartre*, im Anschluß daran *Bas-Fonds de Berlin* (1932), Paris 1990, S. 197.

Seite 148: »Organisation . . .«, Ebenda, S. 284.

Seite 149: Schalamow-Zitate siehe: W. Schalamow, *Essai sur le Monde du Crime*, Paris 1993, S. 14 u. 23.

Seite 151: »Kaum ein . . .«, Z. Brzezinski, *Macht und Moral. Werte für die Weltpolitik*, Hamburg 1994.

Seite 152: »Bolschewismus . . .«, F. Furet, *Le Passé d'une Illusion*, Paris 1995, S.197.

Kapitel IX

Seite 157/158: »Denn die Guten . . .«, A. Augustinus, *Vom Gottesstaat*, Bd. II, 15. Buch, 7. Kapitel.

Seite 159: Cosic-Zitate siehe: D. Cosic, *Le Temps de la Mort*, 1991, Bd. I, S. 502 u. 736.

Seite 159/160: D. Cosic, *Le Temps du Mal*, Paris 1990, Band I, S. 217.

Seite 161: Ebenda, Bd. II, S. 223.

Seite 163/164: »Eine verklärende . . .«, G. Dumézil, *Horace et les Curiaces*, op. cit., S. 17.

207

Seite 166: »Wir haben . . .«, P. Hassner, in: *La Pensée Politique*, Paris 1994, S. 47.

Seite 168: »Man muß nur . . .«, E. N. Luttwak, in: *The Washington Post* 21. Juli 1994.

Kapitel X

Seite 173: »Das französische . . .«, C. Mauriac, *Un Autre de Gaulle*, op. cit., S. 174.

Seite 178: »Ein Mann . . .«, D. Rondeau, *Mitterrand et Nous*, Paris 1994, S. 116.

Seite 180: »Wir sind . . .«, E. Plenel, *La Part d'Ombre*, S. 453.

Seite 180: »Warum . . .«, B. Kouchner, *Le Malheur des Autres*, Paris 1991.

Seite 182: »Tröstet . . .«, Voltaire, »Poème sur le Désastre de Lisbonne«, in: *Mélanges*, Paris 1961, S. 306.

Seite 182: »Ich will . . .«, Voltaire, »L' A. B. C., 17e entretien«, in: *Dialogues*, Paris 1989, S. 344.

Seite 184/185: Boethius-Zitate in: Boethius, *Trost der Philosophie*, hrsg. und übersetzt von E. Gegenschatz und O. Gigon, 3. Aufl. Zürich, München 1981.

Seite 187: Zu Heidegger siehe M. Heidegger, *Einführung in die Metaphysik*, 5. Aufl. Tübingen 1987.

Seite 191: ». . . weiter draußen . . .«, A. Malraux, *Le Miroir des Limbes*, op. cit., Bd. II, S. 326.

Seite 191: »Das Recht . . .«, Ch. de Gaulle, zitiert von M. Schumann in: »L'Allemagne et le Cinquantenaire«, *Revue des Deux Mondes*, Dezember 1994.

Seite 193: »Eine Gewaltsamkeit . . .«, »Der Schriftsteller . . .« J. Lacouture, *De Gaulle*, op. cit., Bd. II, S. 413.

Seite 194: » Es hat genügt . . .«, J. Lacouture, op. cit., Bd. II, S. 393.

Seite 195: »der Fürst . . .«, G. de Nerval, *El Desdichado*.